*The Power Within*

# 私はなぜ
# スピリチュアリスト
# として
# 生きるのか


ドリス・コリンズ
*Doris Collins*
江原啓之 監訳
*Hiroyuki Ehara*
横山悦子 訳
*Etsuko Yokoyama*



ハート出版

# 監訳者まえがき

## 「ドリスとの出会いは私の原点」／江原啓之

ドリス・コリンズがいなければ、今の私はいない。そう断言できるほど、彼女との出会いは、宿命的なものでした。今から二〇年近く前、私は、スピリチュアリズムの本場で学びたいと、たびたびイギリスを訪れていました。当時のイギリスは、心霊研究の先進国であり、多くのミーディアム（霊能者）がいました。なかでも、私は「ドリス・ストークスに会いたい」と切望していたのです。ドリス・ストークスの著書『天国の子どもたちから』を監訳させていただいたときにもお話ししましたが、彼女はそのときすでに亡くなっており、「もうひとりのドリスになら会える」と引き合わせてもらったのが、ドリス・コリンズその人でした。そのときのドリスは、すでにスーパースター級のミーディアム（霊能者）であり、日本から来た一介の青年が簡単に会えるような存在ではありませんでした。しかし、霊界の計《はか》らいもあったのでしょうか？　彼女の所属するエージェントを通して約束をし、私はロンドン郊外の彼女の自宅を訪問しました。

当時すでにご高齢でしたが、とても恰幅がよく、元気な女性でした。日本で言う〝肝っ玉母さん〟のような印象といえばおわかりいただけるでしょうか。彼女は、私を見るなりハグをし、両頬にキスをして出迎えてくれました。そして、その歓迎に少し面食らっていた私にこう言ったのです。

「あなたのお母さんが食べ物を持って立っているわ」

当時私は二三歳でしたから、普通に考えれば母親が他界しているような年齢ではありません。

いかさまを言う霊能者とはまったく違うことは、当然一目でわかりました。「あなたが食べるものに困らないように……と言っている」という言葉を聞いて、亡き母の言葉だと確信したのでした。こうして出会いの瞬間から驚かされたわけですが、その後も、シッティングを受けたり、彼女の行なうシッティングの様子を見学させてもらう中で、その霊能力のすばらしさに幾度となく感動を覚えました。

ここで、本書の中にも頻繁に出てくる「シッティング」についてまず説明しましょう。

シッティングとは、ミーディアム（霊能者）が、クライアント（相談者）から相談内容や個別の情報を聞く前に、「あなたには亡くなった弟がいますね」など、霊界が示すメッセージを告げていく手法で、イギリスなどでは主流のスタイルです。相談者はそれに対して「イエス」か「ノー」で答えるのみですから、日本の心霊相談（最初に相談事を霊能者に伝えて伺いを立てるスタイル）とは、まったく違います。シッティングは「当たる・当たらない」ということを問うのではなく、霊的世界があることを示すためのいわば〝実験〟なのです。実験ですから、その成果が必ずしも保証されるものではないという前提も、あらかじめ伝えておきます。とはいえ、相手からの相談を受けつけないにもかかわらず、きわめて個人的なテーマや核心に触れるため、クライアント（相談者）は「霊的世界がある」と実感するにいたるのです。

ドリスのシッティングのエピソードを紹介しましょう。

シッティングは、本来一対一で行なわれるものですが、日本から勉強に来た私のために、クライアントの了解も得たうえで、ある若い女性のシッティングに立ち合わせてもらったのです。ドリスは、椅子にどっしりと腰掛け、大きく息を吐き、目を閉じたあと、「君のせいじゃない」と口にしました。「あなたの彼は交通事故で死んだ。それがちょうどあなたと彼が喧嘩をしていたときだったから、あなたは自分のせいではないか？　と責めているようだけれど、それは違う」と〝彼〟が言っている、と。それを聞き、女性は号泣しました。さらに「お腹の子を大切に育ててほしい。その子の父親になってくれる人も現れるから」と告げたのです。

しかし、驚きはそれだけではありませんでした。「いつもは僕の写真を持っているけれど、今日はカバンを替えたから持ってきていないね」。そう彼が言っていることをドリスが伝えると、彼女は「そんなはずはない」とカバンの中を探ったのです。すると、やはり写真は出てきません。その日だけ忘れてきたことに気づき、彼女はまさに「彼がここにいる」という実証を得たのです。霊能者である私でさえ、ドリスの霊能力をまざまざと見て、圧倒されました。

こうした「シッティング」が一対一で行なわれるのに対し、講演などで大勢を前にして行なうスタイルを「デモンストレーション」といいます。ドリスは、それこそロイヤル・アルバート・ホールを埋め尽くすほどの大観衆を前にデモンストレーションを行なう大スターでした。しかし一方で五〇人程度の小さなホールで講演を行なったりもしていました。何に対しても垣根を作らず、自らの役目を貫くドリスらしい姿勢でしょう。私もいくつかのデモンストレーションに参加しましたが、会場の規模にかかわらずとても簡素なしつらえで、ピアノ（ミーディアムによって、デモンストレーション前の雰囲気作りとして音楽を流すため）、椅子、マイク、水差しくらいしかないところで行なわれていました。

このスタイルに舞台美術などを加え、私流にアレンジしたものが、「スピリチュアル・ヴォイス」の公開相談です。私の公演にいらした方はご存知でしょうが、私の場合、公演時間の制限もあり、来場者から募ったご相談を舞台上で抽選し、数名の方にデモンストレーションするのが基本スタイルです。対して、本書に出てくるドリスのデモンストレーションは、霊界から降りてきたメッセージに該当する人を、客席から探し出してメッセージを伝えるというスタイルです。メッセージを届ける対象人物を探し当てるまでに何人かを〝渡り歩く〟こともあるのですが、その感覚は霊能者でないとわかりづらいかもしれないので、ここで少し補足しましょう。

よく誤解されがちなのですが、霊界と交信するのはたやすいことではありません。もたらされるメッセージも、〝象徴的なキーワード〟であることが多いのです。しかも、それは唐突にやってきます。その断片的な情報をミーディアム（霊能者）が通訳となり、言葉化していくのです。会場に大勢の人がいれば、それがどの人に宛てたものなのかを絞り込むのは、そう簡単ではありません。仮に霊が名前を名乗ってくることがあっても正確に聴き取れるとも限らないのです（特に外国では同姓や同名も多く、混乱しがちです）。

実際、私も先日の公演で、こんなことがありました。相談者へのメッセージとして、その方の亡き父が伝えて来たのは「冬と仲良く」という言葉でした。これを聴いた私は、相談者は「冬が嫌いなのかな」と思い、「冬は苦手ですか？」と尋ねたのです。「冷え性です」とその方は返してくれましたが、核心をついていたわけではなさそうでした。そこで私は、「亡きお父さんが〝冬と仲良く〟と言っている」ことをそのまま伝えたのです。すると、その方は泣き出し、「母が〝冬子〟という名前なんです！」とおっしゃいました。このエピソードでもおわかりいただけると思いますが、霊界からのメッセージというものは、ミーディアム（霊能者）が作り出している言葉ではなく、通訳しているだけであるため、個人的なことであるほど、ミーディアム（霊能者）にはわかりづらいものなのです。けれども、裏を返せば、相談者にとっては、その人にしかわかりえない〝個人的なキーワード〟であるため、まさに「亡き人からのメッセージだ」と確信を持つにいたるのです。


話を戻しましょう。

ドリスは、霊界からのメッセージを微細に伝えることができる優れたミーディアム（霊能者）でした。私が参加したデモンストレーションでとても印象深かったのは、唐突に「バラの花をありがとう」って言っている、とドリスが告げた事例でした。観客はみな、「バラの花ってなんのことかしら」と不思議そうです。その後、ドリスが「つい最近亡くなった人だわ」と言うと、客席からひとりの女性が立ち上がりました。「私の主人です」と声を震わせながら答えたのです。このように、時にまるで連想ゲームのようにもたらされるキーワードから、霊界のメッセージを明確に伝えていく様子を何度も目にしました。私自身、観客のひとりとして感動を分かち合うことができたのは、今も懐かしい思い出です。

世には、霊感のある人（霊的な存在を感じ取る力を持っている人）はそれなりにいますが、感じ取ったものをきちんと伝えるには、相応の感性とボキャブラリーが必要です。それがないまま、ミーディアムとして活動していくことは容易ではありません。ドリスは、本人も認めているように、文章を書く力にはあまり恵まれなかったようですが（その点で今回少し苦労しました）、講演のデモンストレーションにおいて、あるいはシッティングにおいての霊視能力やヒーリングが一流のものであったことは、誰もが認めるところです。

その華やかな活動ゆえに、否定的な科学者や教会から揶揄されたことも、一度や二度ではありませんでした。テレビ番組などで否定論者を論破していく彼女のビデオを、ドリスのお宅で拝見したこともありますが、その闘いぶりは実に見事です。彼女自身が一八歳から活動を始めて以来、ぶれることなく「霊的世界」の道具であり続けていたからこそ、真正面から闘えたのだと思います。

ドリスから多大な影響を受けた私は、「イギリスに残りたい」と彼女に告げましたが、「あなたも私のように、日本でのパイオニアになりなさい」と励まされ、帰国しました。あのときから思えば、おこがましいようですが、少しはドリスのように歩めているのかもしれません。ですが、活動の幅が広がるにつれ、私自身もまた、いわれのない批判を浴びました。そうしたことに疲弊していた私のもとに、あるとき霊界からドリスが励ましに来てくれたことがありました。はじめて会ったときと同じように、豪快な座り方で、私のそばに寄り添ってくれました。「ああ、ドリスが私を見ていてくれる」と確信し、そして「ドリスもずっと闘ってきた人だった」ということを思い出して、心強く感じられたのです。

こうしたさまざまな思い出を辿《たど》るにつけ、ドリスとの出会いは、私の「原点」だと確信します。ドリスが生きていた頃、彼女を日本に呼びたいと思い、奔走したこともありました。ドリスもまた「日本に来たい」と言ってくれていたのです。そのときは実現しませんでしたが、今回このような形で日本の皆様にはじめてドリスの書籍を紹介できることを、きっとドリスも喜んでいることでしょう。

＊＊＊　もくじ　＊＊＊

表紙画／日高康志

# Chapter 1　活字の力

それは突然の電話から始まりました。間が悪いことに、処女作出版後のオーストラリアとニュージーランドへの八週間の講演ツアーを終え、家でくつろぎながら講演旅行のインタビューをうけている最中でした。

かけなおしてもらおうと思いながら受話器を取ると「もしもし、お母さん。ぼくです。リチャードです」と聞きなれない声がしました。まるで狐にでもつままれたようで、からかわれているのか、間違い電話に違いないと思い、黙っていると、「お母さん、ぼくですよ。あなたの息子のリチャード・コリンズですよ」と相手は続けました。

世の中には「ひっくり返るほど驚くことがある」という人がいますが、私に限ってそれはありえないと、このときまで確信していました。

前作の『A Woman Of Spirit』（註・ドリスの処女作）をお読みの方はおわかりでしょうが、私には二番目の夫の連れ子である義理の息子が二人います。弟のリチャードは小人症でしたが、二人とも実子として育てました。

そのリチャードはチッパーフィールズ・サーカスに入団して南アフリカへ渡り、その後音信不通となっていました。リチャードにはボヘミア人の血が流れており、そのせいか早くから自立することを考えていたのです。私が厳しく育てすぎたのか、家族の中で抑えつけられると思っていたのか、いろいろと推測はしましたが、愛する息子が目の前から消えてしまった喪失感は大きなものでした。

南アフリカへ彼を捜しにも行きました。身体的な特徴があるので、すぐに見つかるだろうと思っていたのですが、何の手がかりも、情報も得られませんでした。霊能力で捜しだそうともしました。でも、私的な問題に関しては上手く答えをもらえず、わかったのはケープタウン周辺のどこかにいる、ということだけでした。私はがっかりして帰国の途につきました。

あれから二十年……。

そのリチャードが今、電話口でつい先ほど別れたかのように話しているのです。

あの子の声を耳にして、胸が張り裂けるほどの驚きを覚えました。感情がこみ上げてきて、隣りに記者が座っていなかったら、どんなに楽だったかとも思いましたが、でも、その記者が、そのときの私の状況を記事にしてくれたおかげで、振り返ることができました。

そのときの記者は、私の新たな一面を見たと書いてくれました。

私は本来とても感情的なのですが、そのことはあまり知られていません。仕事上感情をあらわにできないのです。私の気が動転すれば、その感情を移入して相談者に伝えてしまうからです。

それは、外科医が友人の手術中に動揺し手が震えてしまい、何の役にも立たなくなるのと同じです。私が個人の感情で動けば混乱が生じるので、客観的に淡々と語っていくしかないのです。そのために、つまり感情的にならないための言動が、しばしば強い態度をとっていると思われてしまいます。それが私への批判となることがあり、そのたびに私のこころは痛みます。

さて、話をリチャードとの電話の場面に戻しましょう。

私はとても混乱して、「大人になったのね」などと、平凡なことしか言えませんでした。

「もうすぐ四十歳になります」

途端に、私が彼の父親と結婚をした当時のことが思い出されました。当時リチャードはわずか四歳でしたが、私は彼をきちんと育てようと、ほかの子に負けないように何でもやらせました。気難しい子どもで苦労の連続でしたが、なんとか独り立ちできるように教えていたことを思い出しました。

「お母さん。ぼくを強い人間に育ててくれて、本当に感謝しています」

このリチャードの言葉で、私は胸がいっぱいになり涙がこぼれそうでした。

「どうやって、私の居場所がわかったのかしら」とたずねると、彼は南アフリカのケープタウンで結婚をして、息子と娘を授かったこと。そして不幸にも、私と同じドリスという名の娘を亡くしたこと、リッキーという名の息子は、とても元気で何の障害もないことを強調しました。

リチャードには「小人症」という障害がありましたが、私は彼を普通の子どもとして育てました。世間はとても厳しいものです。ですから、私は彼が他人と異なっていると感じないように育てました。

彼は会社を興《おこ》し成功させていたのですが、ある日、彼の秘書が母親の名が「ドリス・コリンズ」ではないかと彼に尋ねたそうです。彼女は私の本を読み、リチャードという名の小人症の息子がいることを知ったそうです。そして、自然と私とリチャードが結びついたのです。彼は、すぐさま私の本を読み、ロンドンの出版社へ電話をかけ事情を話し、私の電話番号を知ることができました。

その場に居合わせた新聞記者は、当初の取材目的よりも、もっと良い記事のネタを得ることになりました。

リチャードはケープタウンの自宅に是非来てほしいと言い残して、電話を切りました。

私は受話器を置きながら記者に謝り、この知らせを心待ちにしている、もう一人の息子へ電話をするために、すぐに受話器をあげました。

「リチャードのお父さんが亡くなったことは、伝えましたか?」ともう一人の息子が尋ねました。

「いいえ、伝えていないわ。リチャードとの会話は一瞬の出来事だったのよ」

その晩、私は夫と相談し、ケープタウンのリチャードへ電話をかけました。

「リチャード、あなたのお父さんのことを話さなかったわ」

すると、「お母さん、その必要はないですよ。お父さんが亡くなったことは知っています。お母さんの本に書いてありましたよ。それより、お母さんに伝えたいことがあります。ぼくは、実の母親のこと一切覚えていません。記憶に残る前に亡くなっているからです。ぼくの母親はあなたなのです。ぼくを一人前に育ててくれて、本当に感謝しています」

彼のこの一言で、リチャードを育てたときの苦労は吹っ飛んでしまいました。当時の苦労は苦労以上の価値があったのです。

私は半世紀以上この仕事に携わってきましたが、ワールドツアーを始めたのは四、五年前のことです。そして、本を執筆するように、何かに背中を押されたのですが、その何かがわかりませんでした。それが今、行方不明だった息子からの電話によって、その意味の一つが家族を集結させることだとわかりました。本の出版後は、母の兄の娘にあたる二人の従姉妹とも連絡を取り合っています。

以前から言霊の念力はわかっていましたが、本の出版後には、活字となった言葉の力も実感しました。私にとっては新しい分野でしたが、世界中の読者から信じられないほど多くの手紙をいただき、私の仕事にも興味をもっていただいています。人間は肉体的な健康の他に、内面の平穏が必要です。この本によって精神的に助けられたという手紙を多くいただきました。

私の仕事の内容は何も変わってはいませんが、本がベストセラーになったことで、マスコミに登場する機会が増え、より多くの人々に私が何をしているかを知っていただくことができました。

何年もの間、大勢の観衆の前での透視や、ヒーリングのデモンストレーションを行ないましたが、一度も言葉につまったことはありませんでした。そして、演説もなかなかのものだと自讃しておりました。しかし、〈書くこと〉はそうはいきませんでした。書きたいという衝動はあるものの、機械が言葉を写すようにはいかないからです。事実、はじめの二冊は出版にもいたりませんでした。私の友人であり支援者であるマイケル・ベンティンに「私には、書くことは向いていないかもしれない」と話したところ、「やらなきゃだめだよ。君の心配事を一掃してくれる人を紹介するよ」と私の背中を強く押してくれました。

それからしばらくすると、ベンティンの主催するパーティで、私は隣りに座っていた彼の著作権代理人（エージェント）に自己紹介をして、書きたい本についての話をしました。すると、彼がとても好意的だったので、嬉しくもあり、また驚きもしました。

実際に彼は出版社への売り込みの計画をたてました。「執筆前にですか？」と私が尋ねると「ええ、あなたの場合はそういう形になります。出版社へは同行しますので、私に話したことを、彼らにも伝えてください」とアドバイスしてくれました。彼からそう説明されても、「やっぱり、書けないわ」と躊躇《ちゅうちょ》しました。でも、結局「やってみます」と最後は、私が折れることになりました。

「話せることは、書けることなんですよ。あなたが話していることを録音すれば、本として完成します」

彼の説明は私の気持ちを楽にしましたが、前回、そのやり方で上手くいかなかったことは、彼には伝えませんでした。でも私には、彼が出版社を見つけて本も完成することがわかりました。自分自身のことは他人のことほどはわかりませんが、このときは成功を確信したのです。

彼は、笑いながら早急に連絡をくれることを約束しました。そして思っていたよりも早く彼から連絡が入りました。出版社との面会予約が取れたというのです。私は驚いてしまい、質問をするどころではなく、言われるがまま、エージェントに会いに行く手はずを整えました。

それは悪天候の日だったので、今でも鮮明に覚えています。

二月の大雪のため、やっとの思いで街に出て、三十分遅れでエージェントのもとへたどり着きました。タクシーはつかまらず、バスは永遠に来ないようでした。

彼は、「初め悪ければ、終わり良し」と、私を安心させてくれました。

彼は、これから会いに行く出版社と担当者の名前を教えてくれただけでした。約束の時間には、もちろん遅れてしまいました。おまけに私のブーツは雪用ではなかったために、見事にずぶぬれになってしまいました。

ところが悪いことばかりではありませんでした。その日は大雪のために、どこもかしこも遅刻者だらけ、しかも出版社の人からは「こんな日にわざわざおいでいただいて」と、暖かい飲み物をいただくほどでした。

エージェントは、ハードカバーの担当者と、ペーパーバックの担当者の両方と同時に会う約束をとっていて、ハードカバーの編集者の部屋で会ったのですが、とてもリラックスできました。ハードカバーの編集者はとても魅力的な男性で、ひと目で彼に魅かれました。もう一人の担当者も魅力的でしたが、少しよそよそしい印象でした。

私は、エージェントが編集担当者と話しているのに、強引に話に割って入り、ペーパーバックの編集者に話を振りました。彼が最初の妻との結婚に破局したことや、現在の妻との違いなど個人的な事柄を話したのです。すると、彼の表情はみるみるうちに一変しました。ちょうどそのとき、アメリカから電話が入り、彼は電話を取るために、自分の部屋に戻っていきました。

するとハードカバーの編集者が「信じられません。すべて真実ですよ。でも、なぜ彼の話をしたのですか」と驚きながら言いました。

「あの方は、あなたよりも私の本を出版することに興味がなかったからですよ」と私が答えると、エージェントと、編集者とともに笑い転げました。

翌日、エージェントから電話が入り、出版社から金銭面での話が来たことを伝えてくれました。それは、出版に向けて順調に滑り出したことを意味していました。

私が、本を出版する大きな目的は、ヒーラーとして、また、ミーディアム（霊能者）としての仕事を皆に知らせたいからでした。実際、読者からは、

「死後の世界があることを知り、心が安らいだ」

といった内容の手紙を多くいただきました。本そのものも、ハードカバー・ペーパーバックともに飛ぶように売れ、喜ばしいことに二冊目の出版依頼を受けました。

出版後は、全国から出演依頼を受けました。もちろんそれまでも定期的に講演は行なっていましたが、組織的ではありませんでした。そんななか、ロンドンのカムデン・タウンの劇場での講演のあと、十五歳の歌手・ルルのマネージングを成功させた人物との出会いがありました。彼女は私の楽屋にやって来て、

「ヒーラー、そしてミーディアム（霊能者）としてのあなたの仕事を信頼している。これまで多くのミーディアム（霊能者）の仕事を目にしてきたが、あなたほど感銘を与えた人はいなかった」と言いました。私はそのとき、彼女が私を羽ばたかせてくれることを確信しました。

彼女は、国内ツアーのプロモーションを申し出てくれました。その結果、私はオーストラリア講演ツアー後、スコットランドで二回、アーバインとロックゲリーで一回づつ講演を行なうことになりました。

オーストラリアでの講演はメルボルン、アデレート、ホバート、キャンベラ、ブリスベン、そしてシドニーと八週間かけて回るもので、『Sixty Minutes』というテレビ番組が特集を組むことになりました。その後ニュージーランドへ二日間行き、霊障で苦しんでいる少女のもとを訪ね、ヒーリングと助言をしました。

オーストラリアの講演ツアーは心底疲れました。というのは、常に人々に見られているだけで

はなく、さまざまな問題があったからです。

まず、『Sixty Minutes』は、スピリチュアリズムの否定論者として評判の男性と、私を対決させたがっていましたが、私は彼と同じ舞台に上がることを拒否しました。というのは、彼と別の機会に対決することには異論はありませんが、今回は私の行なうヒーリングが、彼の否定的な行動が作り出す雰囲気によって影響されてしまうことを恐れたからです。

また、霊が視えるという道具を二ドルで販売している団体にもつけまわされました。私は彼らに、「他人を妨害しようとしても、その行ないはブーメランのように自分のもとに返ってくるだけですよ」と言って相手にはしませんでした。とにかく、人々からどう思われているかは、あまり考えないように心がけています。ともかく自分がやれることに集中するだけです。

オーストラリアでの最大の講演の最後に、こんなことがありました。若くして亡くなった息子さんから、彼の母親にメッセージが届きました。そのときの新聞記事によると、私は、ステージ上でもう少しで吐くところでした。記事を引用すれば、

——ああ、とても気分が悪いです。ちょっと吐き出したいわ。御免なさい。でも、我慢ができないわ——

と言っていたそうです。（私は、ステージ上のことを、ほとんど覚えていないのです）

接触してきたスピリチュアルな存在に、体の反応を抑えることができなかったのだと思います。でもこのことは、観客に大きな感銘を与えました。

あちら側からのメッセージを伝えるために、ミーディアム（霊媒）の肉体がどのように変化するのかを一般の人にわかってもらうのは難しいと思います。

たとえば、首吊り自殺をした男性が降りてきたときは、真珠のネックレスがきつく首に巻きついた感覚がします。

オーストラリアでは、パメラ・モリソンと接触を試みました。

彼女は、『ニュース・オブザ・ワールド』の編集長、ロイ・ストックディル氏の異母姉弟でした。ロイは優秀なジャーナリストで、感情に流されることはなく、憶測で判断することもありません。ですから、彼自身が新聞にこの事実を書いたときも、きわめて懐疑的でした。

しかし、超常現象をシリーズ化するために調査を進めると、不可思議な現象を目の当たりにして、彼の心は揺さぶられました。

四十年間彼は一人っ子だと信じていました。しかし、私が彼の家系についてトランスに入ると、彼の亡父には「パメラ」という彼より三歳年下の娘がおり、幼いころにスコットランドの知り合いの家に連れて行かれたことがわかり、ロイにそのことを伝えました。でも彼は気にも掛けずにいたようで、ウインブルドンでの交霊会で私と会うまでは、そのことをすっかり忘れていました。

ウインブルドンの交霊会で、彼の母親からのメッセージが届きました。

〈私は、言いましたよ〉

と、その娘さんのことを気にかけながら一年前に亡くなった彼の母親は言いました。「妹さんについて話していますよ。彼女には、あなたの名前がついていますね。お母さんは、彼女は大丈夫だから、と伝えています」と私は言いました。

彼は二日後にエジンバラへ出張し、仕事の合間に役場で記録を調べました。それによると、彼の妹は二回結婚をしましたが、すべて「パメラ・ストックディル」の名前で通していました。これは、私が言った「彼の名前がついている」とのメッセージを証明しています。

その五日後、ロイは、オーストラリアのニュー・サウスウェールズから偶然にも手紙を受け取りました。それは、つい最近まで存在さえ知らなかった、まだ見ぬ妹からで、ちょうど彼がエジンバラにいた日（役場で戸籍を調べていたころ）に書かれていました。

――この手紙を書くまでに、二十年の歳月がかかりました――と始まり、

――私は、自分の存在を拒否されるのではないか。問題を起こすのではないか。と、いつもおびえていました――と綴ってありました。

彼女は父親のことは何一つ知らず、いつか機会があれば兄と会ってみたいと思っていました。

その手紙を読むと、ロイはすぐさま彼女に電話をかけました。

彼女は、ロイのことを何年も前から知っていましたが、連絡をためらっていたのです。彼女は神霊界に興味を持ち、スピリチュアル・チャーチの会員でもありました。彼の母親からのメッセージの答えを、なぜこの時期に連絡をしてきたのでしょうか。二十年間もためらってきたはずな

のに。

「連絡をする必要性を感じた、ただそれだけのことです」と彼女は答えました。

このような出来事は、私にとってはもちろん珍しいことではありませんが、ロイにはかなりの影響を与えたようです。そこで、オーストラリア講演の際には、ロイの妹のパメラ・モリソン（現在の姓）に会う段取りをつけ、講演のチケットと、ロイから頼まれたかわいい花束を贈りました。

オーストラリアから疲れきって帰国すると、すぐにスコットランドでの二件の講演が待っていましたが、さすがに体調を整えられず最悪な状態でした。厳冬で雪は深く積もっていました。にもかかわらず、二つの講演のチケットは完売で、すべて上手くいき、追加講演の依頼も受けることになりました。プロモーターが付けてくれた運転手も最高でした。彼は小さなことにも気が利く人物で、私は十分に満足な旅を続けることができました。

彼の仕事ぶりは、運転手の範囲を越えるもので、私は彼を尊敬を込めて「ロードマネージャー」と呼びました。車はボディーガード付きでリムジン。さながらギャングスターのようで、思わず笑いましたが、彼のお陰で、どこへ行くにも時間どおりに着けました。

より多くの人々の前で、プロとして講演を成功させるには、弁護士から配管工まで、さまざまな人々の協力が必要なのです。

キースという名の私の用心棒は、ポップスター相手の経験は豊富でしたが、私のようなミーディアム（霊能者）は初めてだったと思います。私の講演内容も、当初はくだらない話だと思っていたはずです。しかし、始まると同時に、私のスピリチュアル・ギフトが本物であることを、彼に確信させる出来事がありました。

それは、ロクジェリーでのことでした。

そこの劇場の副支配人は、デモンストレーションを頭ごなしに疑っていました。講演中に十五分間の休憩があり、楽屋でお茶を飲んでいるところに、副支配人がやって来ました。すると彼の脇に二歳半くらいの彼の息子が寄り添っており、白血病で亡くなっていることが視《み》えました。その子は自ら名前を告げ、お父さんが財布に彼の写真を入れて、ちょくちょく話しかけていると伝えてきました。その子には、名前がサラという妹がおり、さらに、入院中には、担当医から「ハンディ」という自らの名前をつけた小さな犬のおもちゃをもらったことを伝えてきました。その子は、家で「スピット」という変わった名前の犬を飼っていたそうです。

私は、仕事以外では個人的情報を伝えることを、極力避けるように努力しています。このときは休憩中でしたが、この息子さんから父親に伝えることを促されていたようです。

彼に伝えると、そのすべてが真実でした。そのことが父親にどれほどの影響を与えたかは定かではありませんが、近くにいたキースは、私のもっているスピリチュアル・ギフトが本物であることを確信しました。

これまで私は、自分の講演を自分で記録することはありませんでした。ですから、前作では記録がないものは掲載することができませんでしたが、今回は、できるだけ多くを録音することにしました。とくに講演が集中した一九八五年の前半はすべてテープに録ってあります。これらは、死後の世界を証明するユニークな材料として、新聞報道などの支援すらうけました。

ステージ上での私は、そこで起きている状態を完全には覚えていないため、この記録のお陰で初めて自分の仕事を把握できました。

これまで私は多くの舞台に立ちましたが、一九八五年のツアーは巨大な劇場を満員にするものでした。私は日曜日に休憩をとるだけで、何ヶ月もの間多くの仕事をこなしました。当時は実感がありませんでしたが、今考えてみると、その責任は恐ろしいほど重大なものでした。

毎晩、さまざまな形で色々なメッセージが届くので、私自身の対応も千差万別でした。女優は心で役を感じとり、演技はすべて計算され、彼女は劇の中の一部です。たとえ台詞を忘れても誰かが補うでしょう。病気になれば代役はいます。しかし、私の代わりは誰もおらず、倒れたら講演は中止となってしまいます。

一九八五年二月には、一ヶ月で二十ステージをこなしました。殺人的スケジュールです。四、五月は二十八日間、合計二十六回の講演を行ないました。

私には、この仕事を続ける役目があり、仕事は私を奮い立たせましたが、あまりにも過密なスケジュールで疲労困憊でした。正直、このようなハードスケジュールは二度と御免です。プロモーターは「マンモスツアー」と名づけ、私にゴールドディスクを贈ったほどです。

短期間で、これほど多くの地を訪れたミーディアム（霊能者）は私しかおりませんでした。最初にツアーを始めた友人のミーディアム（霊能者）、ドリス・ストークスでさえ、二、三日の大きな講演を行なったあとは、休みを取っていました。しかし、私の場合は「ノン・ストップ」です。幸い、私の肉体は頑丈にできており、一晩眠ると翌朝は完璧に回復します。それは、多くのツアーをこなした故《ゆえ》の技だと思っています。

数々のツアーはこの著書のために数多くの証拠を提供しましたが、劇場での講演がこれほど早く成功したのは、初版本のお陰だと思っています。まさに「活字の力」だと思います。

一方で、不本意ではありますが、何件かの新聞記事は、私がステージに立つのは、ドリス・ストークスと競《きそ》いあっているからだ、と書き立てました。

サンデーミラー紙は「ミーディアム（霊能者）たちの戦い」と大きな見出しをうち、二ページにわたって特集を組みました。デイリーメイルにいたっては「霊界のショービジネス界で、どちらのドリスが勝つだろうか？」と囃《はや》し立てました。

このような形で新聞に取り上げられるのは喜ばしいことで、結果的にフォークストーンでの講演では、二百席を追加したほどの賑わいで、ブラッドフォードでは、急遽大きなホールに会場を移しました。

ドリス・ストークスと私は、名前が似ているため混乱する人もおり、私たちが同一人物だと思っている方もいます。しかし、新聞がどんなに「ドリスの戦い」と書き立てても、そのような事実は微塵もありませんでした。

二人の成功に対して多くの嫉妬も生まれ、ドリス・ストークスと私がスーパースターになっているといった非難もありました。

大勢の聴衆の前で、あちら側からのメッセージを受け取ることで、ミーディアム（霊能者）のスーパースターと呼ばれるなら、それはほめ言葉に過ぎません。神の教えを説いているのではないのです。

現実離れしていると言われたならば、私を知っている誰に聞いても同じ答えが返ってくるでしょう。

「ドリス・コリンズはとても現実的な人間であり、常に地に足をつけています」と。

とても面白いことに、私の講演に参加される観客の大半は、霊的な経験など何もしたことがない方々です。そのため私は、観客に挙手してもらうことで意思表示をしてもらっていました。

聴衆の中には、若者も大勢いました。スピリチュアリストの会合は、年配のご婦人方の集まりだと思われがちですが、それはまったくの誤解です。

ほとんどの新聞は、私のデモンストレーションを正確だと支持してくれました。しかし、記者の一人、二人は、私の講演は脚色されており、事前に打ち合わせをしている観客を配置し、マイクロホンなどを持たせている、などと書き立てました。

舞台裏で、そのような調査ができるはずなど、ありえません。どうぞ舞台係りや照明の担当者が、何と答えるか聞いてみてください。

実際、私の生まれ故郷の近くの、ウォルサムストムの市民会館では困ったことが起きました。私は、観客の誰一人とも接点を持つことは許されておりません。とくに公共の場では、意識的に知人にはメッセージを伝えないようにしています。それどころか、いただいた手紙などは講演が終了するまで、一切開封をしません。

市民会館では、あるスピリットが現れましたが、どういうわけか私にその姿を見せようとはしませんでした。名前は〈エルシー〉と言い、会場にリンダという名の娘さんが来ていると言いました。そこには二千人以上の観客がいましたが、〈エルシー〉はリンダの位置を正確に示し、メッセージを伝えました。

講演の後、そのリンダが楽屋を訪れて、自分と亡き母の〈エルシー〉はかつてドリスと同じ通りに住んでいて、ドリスの娘は〈エルシー〉ととても仲がよかったと教えてくれました。

はて？　誰なのかしら？　すると、リンダが〈エルシー〉のファーストネームを教えてくれました。あ、あの人だったのか、とすぐに合点がいきました。どうりで、〈エルシー〉が姿を見せないわけです。もし、リンダのお母さんが姿を見せていたら、私はすぐに、「あのときの、懐かしい人」と思い出していたでしょう。そうなってしまったら、周囲の人から「やらせ」だと思われてしまうので、私はリンダの前を通り過ぎて、次の人のメッセージを伝えていたことでしょう。

＊　＊

六十歳を過ぎた現在、著書も私自身も、以前より多くの人々に支持され、とても感謝をしています。今回も前作同様、死後の世界があることを信念を持って伝えています。

もし、あなたが幽霊を見たことを誰かに訴えたとしましょう。

幽霊を信じない人々は、あなたが夢を見ているとか、幻覚を起こしていると言うでしょう。しかし、実際に幽霊を見たことがある人々は、あなたの訴えを信じることができます。

言を多く労しても、いくらたくさんの証拠を積み上げても、幽霊を見たことのない人を「信じさせる」ことなどできません。逆に、「信じない」方向へ引っぱってしまうこともあります。

陪審員にとっては、三百の証拠より、たった三つの証拠のほうが説得力があることもあります。

どうぞ、無心で、私の言葉をお読みください。

信念とは、人々の心の内から表れるものです。

Chapter 2　死後世界の存在

私の講演は前半が「デモンストレーション」、そして休憩を挟んで後半は「ヒーリング」と分けています。

デモンストレーションは、演出としてはとても受けるので、すべての講演時間をこれにあてるように頼まれることが多いのですが、私はヒーリングの時間を必ず設けています。というのは、愛する人を失った人々の精神的な癒しと肉体的な痛みの緩和につながるからです。私にとっては、両方とも重要です。しかし、ヒーリングのステージ上での問題点は、結果がすぐに表れにくいことです。観客は魔法のような結果を目にすれば信じてくれますが、ヒーリングは言葉だけです。

ですから、ヒーリングの場合は、できるだけ観衆に理解してもらえるように、わかりやすい治療ができる人を選びます。多くの人が、治療をもとめてきますが、一回の講演で可能なのはせいぜい六人程度なので、ステージに上がることができないような人へは、講演終了後に、個人的に行なっていました。

私は医者ではありませんので、差し当たって、皆さんには適切な医療行為を受けることを薦めています。医学から見放され、最後の手段として私のもとを訪れる方々も多くいますが、私の仕事は医師の仕事と相反するものではなく、むしろ補足的なものであり、現在の医療は、私の行なっているヒーリングよりも、より一層すばらしいものだと思っています。私自身の経験ですが、最近簡単な手術を受けました。担当の外科医は、とても優秀でかつ私の仕事を信頼してくれ、「ドリス、私はあなたを病院で治療しますが、あなたも私のことをヒーリングしてくださいね」と言われました。

一九八五年の四月、五月のツアーで録音されたヒーリングの様子はどれも似通っていましたが、デモンストレーションの内容はすべて異なり、とても魅力的でした。

公開されたデモンストレーションの録音テープは二十六本ありますが、なぜか、三本はダメでした。アバディーン、イプスウイッチとスカーボロでの講演と、ドンカスターでの講演です。理由はわかりません。

講演のパフォーマンスには一切、演出はありませんが、なかには「インチキ」だと疑っている人もいます。マジシャンのポール・ダニエル氏もどうやらその一人のようで、彼は私たちをテストしようと言います。新聞によると、彼の自宅で彼自身が選出した人を、ドリス・ストークスか私（ドリス・コリンズ）にシッティングをさせ、それが正しければ一万ポンドを提供するのだそうです。

私には、マジシャンの仕事をとやかく言う権利などありませんが、ダニエル氏はシッティングをマジックだと考えているようです。今まで、科学者から何度も科学的な調査を受けましたが、その結果、トリックとは何の関係もないことがわかっています。

まぁ、ダニエルさん、一度私の講演に参加してみてくださいな。そして、私の一ヶ月の行動を目にしていただければ、十分にご理解いただけると思います。

どうぞ、そのご用意された一万ポンドは、多くの慈善団体に寄付してくださいな。

では、私の講演をご紹介しましょう。まずはブライトン・ドームでの劇的な出来事についてお話します。

私は、ブライトンでの講演でのことは何も記憶しておらず、このテープを聴くことを楽しみにしていました。これから紹介するブライトンでの最初のメッセージは、一般的でしたが、受け取ったことを、こちら側の方に正確に伝えることの難しさを示しています。すべて完璧に伝わってくるわけではなく、とくにステージ上では、時間をかけることが難しいからです。あちら側からのメッセージは、いきなり出てきますので、私は、まずウォーミングアップとして、あちら側から接触があるまで、観客らとおしゃべりをします。

＊　＊

（編集部註：〈　〉は、ドリスが語ったもの。観客が語ったものは「　」で示す）

ブライトンでは、最前列に座っていた男性から始まりました。グレーのスーツを着た男性です。彼の脇には、妻らしき女性が座っていました。

〈お父さまがいらしています。息子のところへ行きたいとおっしゃっています〉

息子さんのもとへ私を導いていると確信したので、私はためらいませんでした。

〈時々、メッセージが意図されている人物のもとへたどり着くまで、何人か渡り歩く場合もあります〉

〈お父さまは、私が話していたことを興味深く聞いていました〉

と観客の中の息子さんに伝えました。

〈さて、ジョンに会ったと言われていますが、ジョンとはどなたかしら？〉

彼には、誰のことかわかったようでした。

〈もちろん、ジョンとは、どこにでもある名前で、皆、心当たりがあるはずですが、伝わってきたものを変えることはできません。ときには、とてもかわった名前や、外国人の名前さえも受け取ります〉

〈お父さまは、その女性の背中の状態を私に伝えています。あなたのお隣りの、多分奥さまかしら？〉

「いいえ」（註：上記の返事はグレーのスーツの男性）

〈あら、腰の辺りまでできているわ。あなたのことかしら〉

「ええ、そうです」

〈あなたには、ヒーリングの能力があると言っています。何か行なっていますか？〉

「今、学んでいる最中です」

〈仕事にすると最高です〉

「皆に言われます」

〈奥さまをヒーリングされていますね〉

「はい、やっています」

〈首の先端をヒーリングしましたか？〉

「ええ、しました」

〈ありがとうございます。奥さまは首に問題がありました。階段の三段目から落ちませんでしたか？〉

するとこれまで答えていた男性の隣りにいた女性が、初めて口を開きました。

「いいえ、私ではなく夫が背中を悪くしています」

〈ええ、わかっていますよ。彼のことは少し置いておいてください。少し前に、あなたにも問題がありましたね。いいですか、彼のお父さまはあなたの状態を伝えてきています。階段から落ち

ませんでしたか？〉

「いいえ」

〈では、ご主人のことで間違いないのですね〉

私は、彼のお父さんからのメッセージを取り違えていました。

「ぼくは、十年前に階段から落ちました」

〈踏み外したのですか？〉

「はい、そうです」

開始早々の私の状態は、けっして良好ではありませんでした。

〈面白いことに、あなたとここにいるとバイオリンの音色が聴こえてきます〉

「今は、練習をする時間がありません」

〈昔に戻っていただけますか。子どものころを思い出してください。住んでいた場所を覚えていますか。たくさんの家が視えます。六軒か、七軒。この中の一軒にご両親と住んでいましたね〉

「そうです」

〈家を見せてくれています。そして二軒先の家では、どなたか音楽、多分バイオリンを弾いています。四六時中弾いていますね〉

「はい、そうでした。そこの家にはバイオリニストがいました」

〈そのバイオリニストは、この会場にいらっしゃいますね〉

「ええ」

〈おわかりになりますか〉

「はい」

〈一、二、三……〉と、そのとき、父親が話題を変えました。

〈あなたは三人兄弟ですか？〉

「はい」

〈お父さまが、一、二、三、とおっしゃったので〉

〈それから、ハリーって、どなたかしら？〉

「考えつきません」

〈おわかりになるはずです。仕事を一緒にしているか、していらした方ですよ。一度ご一緒しているそうです。ご家族の方ではありません〉

「ぼくは、大勢の人と仕事をしているので、思い当たりません」

すると突然、その父親が私の目の前に女性を連れてきたので、この件は途絶えてしまいました。

〈お母さんを連れていらしたわ。いいえ、違ったわ。お母さまではないわ。この状況がおわかりになるかしら〉

すると、女性のほうが、

「はい」と答えました。

〈二人のお母さまがいらしていますが、奥さまのお母さまが、娘さんと話をしたがっています。エリザベスをご存知かしら。お母さまが、エリザベスに会ったので伝えてほしいと言っています。多分、ご家族以外の方だと思います。彼女は、あなたはお父さまによく似ていると言っています〉

「たぶん。でも、母にはもっと似ていると思います」

〈お母さまはお父さまに鼻がそっくりだと言っていますよ。あら、お父さまが現れたわ。失礼、ご家族全員が現れたので、混乱しないように気をつけないと。ケリー、とお父さまは言っているわ〉

「知っています」

〈どなたですか？〉

「叔母です」

〈お母さまと親しかったようですね〉

「はい、そうです」

〈あなたのお母さまがこちらにいて、あなたはお母さまよりケリーに似ていて、お父さまと鼻がそっくりだとおっしゃっているわ。なんで、こんなに詳しく伝えてくるのかしら？　この会場へ来る前に、金銭面で何か動きがありましたね〉

「私にですか？」

〈あなたのご主人です〉

〈いや、あったはずです〉と私は主張すると、

「いいえ」

「それはありえません」

〈では、結構です。私は、あなたのお父さまが言われたことを伝えているだけです。お金の移動があったそうです〉

「私には何のことだか、さっぱりわかりません」と夫は言いました。

〈言うことがあるのですね。もう少し詳しく、誰がお金の件を尋ねたのかしら?〉

「一人も思いあたりません」

〈変だわ。ちょっと待ってください。遺言状を見せています。わかりますか。遺書です〉

「さっぱり、わかりません」

〈あなたが拒否をする前に、遺言状の件で問題が起きています。確かなことです。お父さまは、あなたが遺言状を書いたと言っています〉

「それは正解です」

〈望みどおりにはいかなかったようですね〉

「私の遺言書は、ずいぶん昔に作成したものです」

〈引っ越しをされて、随分と周囲に変化がありましたね〉

「ええ、そうです」

〈それから、お金の移動についても話し合っていますね。お金が視えます〉

「まあ、あなたが、そんなにお金持ちだったなんて。知らなかったわ」

〈私もわからなかったわ〉

観客からも笑いが起こりましたが、ご夫妻の間には、気まずい空気が流れてしまいました。

〈あなたのお父さまは、まだお金を見せているわ。お金の移動のようですね。多分、奥さまにお話をすれば、あなたよりは理解されるでしょうね。あら、今度は不動産の取引についてお話をされているわ〉

するると、観客からは拍手が沸き起こりました。

〈ありがとうございます〉と観客に言い、

〈お父さまが『皆にすべてを話してはいけない』と言われています。何のことだかおわかりになりますか？〉

「はい、わかります。ありがとうございます」

〈個人情報には、できるだけ触れないようにしています。お父さまは、あなたが所有している三つの不動産を処分するように伝えています〉

「ありえません。私の不動産は一軒だけです。いや、実際には二軒です」

〈でも、もう一つ買おうと思っていませんか〉

「ええ、思っている物件はあります」

〈では、それで三軒だわ〉

「まだ、買っていません」

〈買います〉

「ありがとうございます」

〈なぜって、あなたのお父さまが三軒の不動産について話されたからですよ。お父さまは、不動産の扱いに関して、充分に注意を払うようにおっしゃっています。おわかりになりますか〉

「はい」

〈まぁ、お父さまは物凄い情報を教えてくださっています。あなた方は、どうするか、すでに決めていますね〉

「正解です」

〈でも、注意を払うように、と言っています。お父さまは、こうしてあなた方と交信がとれたことを神に感謝している、とおっしゃっています〉

これは、ツアー中の最初のメッセージだから紹介したのではありません。私が受け取るほとんどのメッセージは、このように平凡な内容なものなのです。

明確で、感動的なメッセージを伝えることから始めるのは簡単ですが、あえて、平凡で紛らわしい内容のものからお伝えしました。

＊　＊

メッセージは、ほとんどの観客には大きな意味をもつものではありませんが、受け取った人々には、それが些細なことであっても貴重なものがあり、愛する人々が霊界に存在していることをリアルなこととして受け入れることができるのです。

亡くなった方が、現世の人々とコミュニケーションをとりたい場合に、すぐには思い出せない昔の出来事を伝えてくる場合も多々あります。

先の例でいえば、「ジョン」という名前は誰もが知っていますし、誰もが両親に似ており、誰もが換金をするでしょう。このようにすべてのメッセージを、すべての人に当てはめることは簡単なのです。

世間から批判を浴びないような、稀な例を紹介することもありますが、読者の方には、私は一人の人間であり、高性能なコンピューターではないことを理解していただければ幸いです。

霊界との交信に対する非難、中傷などにはまったく興味がありません。のちほど、私のミーディアム（霊能者）としての役割をお話しますが、実情は、他の世界からの読みにくい手紙を届ける郵便配達人のようなものです。霊界から「ハリー」と伝わってきたら、単にそれを右から左へ移すだけです。その際には、聞き間違いもするでしょうし、誤解や誤訳もするでしょうが、私は伝言を本当に信じており、時間がかかる場合もありますが、事実は明確に証明されます。

伝言を受けたほとんどの人々は、死後の世界があり、亡き愛する人と交信ができることを知り安心します。逆に、知っているのに伝えなければ、私はとても冷酷な人間でしょう。

自分の能力をすべては把握していませんが、同じような能力をお持ちの方は、世の中に何千人もいるでしょう。彼らの支援のお陰で、無責任な批判を無視することができるのです。

＊

二番目のメッセージは、事故で亡くなった若者から、客席のうしろに座っていた女性へのものでした。

彼は、私に車輪を見せてくれたので、車かオートバイの事故にあったと認識しました。彼は病院に運ばれましたが、すぐに亡くなっており、会場の後部に座っていた女性は、自身に関することだと認めました。

メッセージは彼女宛のもので、青年は彼女のことを愛しており、一人残してしまったことを心から後悔している、と伝えてきました。彼は、二つの指輪と茶色のケースに入った彼の写真を、何度も私に見せています。当初、その女性には何の意味だかわかりませんでしたが、アルバムの中の青年の写真を思い出し、やっと理解できました。その青年は、彼女に、

〈間違ってはいなかった〉

と伝えるように頼んできましたが、女性は話すことを恐れているようでした。

〈彼女とは何時間も話しこんだものでした。彼女は人生を立て直しました〉

と彼は言い、彼女もそれを認めました。

〈ぼくは何も変わっていないのだから、そんなに怖がらないように彼女に伝えてください。幸せ

を願っています。でもぼくのことを忘れないでください。一番大切な人だったのだから〉と彼は言いました。

それから、彼は私の手をとり階段を上ったと思うと、どこかのアパートの三階にいました。そこは、彼女と一緒に暮らし、あの指輪を渡した場所でした。

＊

その晩の三番目のメッセージは奇妙で、できれば避けたいものでした。バルコニーの最後部の男性宛でしたが、見た途端〝人格に難あり〟と感じました。周囲には六人の男性がいましたが、メッセージを伝えました。

〈あなた方は手にいれないでしょう。悪魔ではなく、神が治すことを思い出してください。これが答えです〉

すると一人の男性が、私が伝えていることは理解ができない、と言いました。

〈あなた方には、間違いなく理解できます。私はミーディアム（霊能者）で、あなた方のオーラが視えますし、あなた方とは人として話をしています〉

と答えました。

＊

四番目のメッセージは二列目に座っている、真っ赤なドレスを着ている女性宛で、呼吸困難で亡くなった男性からでした。

彼には亡くなることがわかっていたので、本当は病院には入りたくなかったこと、そして、霊界で、その女性の母親に会ったこと伝えてきました。それから、その女性の亡父《なき》がやってきて、彼女の従姉妹の名前が「リリー」で、自分の名は「テッド」だと伝えました。

フローリーあるいは、フローという名の二人の少年が、彼女の幼いころに関連があったと、テッドは言いましたが、彼女には思い当たる節はありませんでした。

薬が入ったビンを彼が見せたので、女性に聞くと、神経以外はどこも具合が悪くないと言いました。霊視により、私には足に問題があるのがわかりました。すると彼女は、足のリュウマチのために薬を飲んでいると語りました。そのことを知った会場から拍手がわきおこりました。それは観衆からのヒーリングの催促でした。

＊

次に、霊界から女性が現れ、娘さんについて尋ねました。ウイリアムという名前が聴こえたので、劇場に心当たりの人がいないかを尋ねると、一人の女性が手を挙げましたが、その方ではないと感じとりました。すると、父親の名前がウイリアムだという女性が手を挙げました。

〈私の娘です。私の指輪を持っています。彼女に感謝と、最期までやすらかでいられたことを伝えてほしい〉とのメッセージがありました。それから、霊界の彼女は、おしゃべりな嫁のドロシーについて語り、義理の息子のハリーについても語りました。

〈何で、ハリーは大きな声で話さないのかしら。入れ歯で悩んでいるからかしら〉

と言ったので、会場は大爆笑になりました。霊界の女性は、食事のときだけ歯を入れていたと言いました。

「はい。でも、私はその逆で、食事のときは外します」とハリーは答え、入れ歯をつけないときには袋に入れておくことも付け加えました。

話題は現世にいるハリーの父親に移り、彼の体調はとてもいいと彼女は伝えてきました。それから、娘さんのことに触れ、彼女がカレンダーに規則正しくしるしを入れていると言ってきました。

〈普段はいいかげんなのに、何でそんなことをしているのか、わかりません〉

とおちゃめに言うと、その女性は突然、納屋を見せました。

〈納屋を購入されましたね〉と、娘さんに言うと、

「いいえ」とその娘さんは答えました。

〈お母さんは、私を庭に連れて行きます。納屋を持っていたはずです〉

「ああ、そうでした。昔住んでいたところにありました」

〈昔住んでいた家には納屋があり、ご主人が苛立つと、その納屋へ入っていましたね。でも、納屋の中では何もしていませんね。お母さんは、とても面白い方ですね〉

と言うと、観客も彼女のユーモアセンスに笑いました。

〈何でそんなことを言うのかしら？　私は生前と何も変わっていませんよ〉と彼女は言いまし

た。

＊

次に、毒ガス自殺をした男性が現れ、観客の中の一人の女性を指名しました。彼は、自殺の原因となった問題については後悔をしていましたが、自殺するしか解決方法が見つからなかったことを、その女性にわかってほしいと伝えてきました。

彼は、二人の子どもについて話をしましたが、彼とは面識のない子どもたちだと、その女性は否定しました。彼は、二十二という数字を繰り返しましたが、当初、女性には何のことだか見当がつきませんでした。最終的には、女性の息子さんが二十二歳のときに問題を起こし、彼が手助けをしたことが判明しました。

このように自殺者のスピリットが現れるときは、自然死の方よりも難しく独特の緊張感があります。

＊

次は、ガンで亡くなった方からでした。客席の前列の娘さんが母親からのメッセージをもらえることを期待しながら座っていました。ガンで亡くなったその母親は、私の手のひらに指輪を二個置きました。その娘さんはすでに婚約指輪をもらっており、結婚指輪を選ぶ段取りになっていました。

〈お相手の方は、指輪にいくらかかるかご存知ですか？〉と、娘さんに尋ねると、

「まだ言っていません」と、隣りに座っている婚約者を指差しました。

〈まあ、大変だわ。あなたのお母さまは、あなたにもう一人男性がいると、言っていますよ〉

「そのとおりです」と娘さんはうなずきました。

〈でも、それは大きな間違いです。もう一人の方とは今すぐ別れなさい。その人を追いかけてよりを戻そうとしましたが、最終的には躊躇しましたね。お母さまは、あなたの幸せを願っていますよ〉

そのとき、私はバンジョーの音色に気がつきましたが、娘さんには心当たりがないようです。

〈娘さんの新しい婚約者は、結婚をして落ち着く気持ちはまだない、と言ってるけど……〉

すると、彼はうなずきながら、

「まだ結婚の日程は決めていませんが、彼女に背中を押されています」と答えました。

〈仕事が嫌になって、上司とも上手くいっていないようね。独立したくて、二人で一緒に働けるところを捜していますね〉

と伝えると、彼は大きくうなずきました。

〈でも、それと結婚とは別問題ですね。あなたは、仕事が二つ増えると思っていますね。今あなたに必要なものはドアの上にある、許可証でしょう〉

この後、彼が発した言葉は「なんてこった！」だったと思います。それから、

「はい、パブをやろうと思っています」と言いました。

〈お母さまは、自分たちでは飲まないように、と注意しています。そして、結婚をするようにとも。そうすれば、仕事も上手くいくでしょう〉

それから、娘さん宛に、

〈来年は、もう一つほしいものが手にはいりますよ。だから今年中に結婚するように、とおっしゃっています。お母さまはあなたの幸せを祈っています。お父さんのことを思い出すように。あなたに同じ間違いは繰り返してもらいたくありません〉と伝えてきました。

この若いカップルのその後は、結婚をしてパブを開き、幸せな日々を過ごしています。

このテープを聞かなければ、これらのことは何も思い出さなかったでしょう。

とくに、三番目のメッセージの若者たちは意図的に進行を混乱させるためか、悪影響を及ぼすためにやってきていましたが、私が大勢の観客に向かって、彼らについて話し出すと、すぐに立ち去ってしまいました。

＊

八番目のメッセージは溺死した男性からで、水が襲いかかってくる感じをうけとると、白い制服姿の男性が立っていました。船は戦争で沈んだようでしたが、白い服は海軍のものではありません。給仕のように思われました。

私が聴衆にそのように説明すると、後方に座っていた女性が亡くなった祖父ではないかと発言しました。でも、その男性は何の反応も示しませんでした。

　すると、彼女のそばにいた女性が、陸軍の軍用輸送船が爆破されて溺死した父親ではないかと言ってきました。それでしたら、海軍の制服でないこととつじつまが合います。男性が着ていた白い服が何なのかは定かではありませんが、女性は救命胴衣ではないかと言いました。

　溺死した男性は、ウイルかビルという人物について話し出しましたが、それは女性の母親の友人でもある、溺死した男性の親友のビルだと判明しました。出航する前に奥さんに、〈出航する前に、もし自分が死んだら、ビルとだけは結婚しないでほしいと言い残したけれど、ビルは自分が溺死して大きなショックを受けた彼女を立ち直らせる手助けをしてくれました〉と伝えてきました。

＊

　その後、私はひどい頭痛に襲われたので、客席にいた一人の女性に、頭痛で苦しんでいないか尋ねると、「いいえ」と言われましたが、彼女の母親が偏頭痛で苦しんでいたそうです。次の瞬間、その母親は私の前に現れました。その母親は、ご主人とは対照的にとても元気な方で、〈とてもはじけた方ね〉と私が言うと、娘さんは母親似であることや、トロキーへの家族旅行のことなどを語り、彼女たちにしかわからない、個人的なアドバイスを伝えてきました。

＊

　次に、バルコニーに座っていた四人のもとへ導かれました。その中の三人は仲間で、あとの一人とは知り合ったばかりでしたが、メッセージはその中の兄妹に関係するものでした。彼らの亡くなった祖父が現れると、私の手の動きは止まらなくなりました。

〈何の仕事をされているのかしら？〉とお兄さんに聞くと、

「カーペット関係の仕事です」と言いましたが、私が否定すると、

「物書きではないですか」と尋ねてきましたが、私の手の動きは、それとは異なったものです。

〈あなた方のおじいさんに間違いありません。手を使った仕事をしていました〉

彼は、それも違うと言いましたが、

〈いいえ、とても確かなことです〉と念を押すと、

「造園業ではないかしら。祖父は庭師だったのです」と今度は妹さんが答えました。

〈いいえ、そのような手の動きではありません。鳴鐘者（Bell Ringer）ではないかしら。何かを引っ張り続け、誰かが上下に動いている感じがします。何かしら？

「ロープだわ！」と彼女は直感したようで、

「祖父はエレベーターの操作を手作業でしていました」と答えました。

〈それです〉

やっと手の動きの意味が理解できました。それから、亡くなった祖父はローズという女性を紹介すると、兄妹には、その方は他界したばかりの叔母だと言いました。

ローズは、神経質そうに話し出しました。

〈私は、思い切りがよいかしら?〉と尋ねてきました。

祖父は、今度は石屋と葬儀屋の男性を示しましたが、妹は父親が石屋さんだったと言いました。

〈妹のほうにはおばあさんのように霊能力があり、兄のほうにはヒーリング力がある〉と、亡くなった祖父からの伝言でした。

＊

その晩の最後のメッセージとなる十番目は、とても手短で、観客の中のある女性を慰めるために、年配の女性がメッセージを送ってきました。

〈あなたは、たくさんの問題を抱えていますが、何も心配はいりませんよ。うしろを振り向かず、心配しないで、何も怖がらないでください〉といったものでした。

＊　＊

以上のことが、ヒーリングの前に通常行なわれているものです。

# Chapter 3　テープは語る

一九八五年四月から五月にかけての、初めての長期講演では平均して一晩に八人、合計一六二人のケースが録音されています。

内訳は、病死が三十九人（うち半分は心臓疾患）、二十五人は事故死、十六人が自殺、四人が戦死、三人が殺人で、残りは自然死でした。これは暴力や何らかの原因で亡くなった方のほうが、残された家族に連絡をとりたがることが多いことを表しています。

愛する人の死を受け入れられない遺族にとっては、あちら側の世界から伝言をもらうことは、ユーモア、笑い、そして涙ありのすばらしいものとなります。

私の講演は悲しみにくれるものではなく、とても楽しい会話なので、批評家は重大な問題でも軽率に扱っていると私を非難します。ですが、首吊り自殺をした方が冗談を言ってきたら、それを伝えることは間違っているのでしょうか？　私は、どのようなケースでも敬意を払っています。そして亡くなった人たちから、本物のメッセージを受け取った人々は、たとえ観客の前で私的な部分を少々話されたとしても、異議はないでしょう。そのようなメッセージは、個人だけではなく多くの人に共通する悲しみと笑いを与えてくれます。これこそが最も大事な部分なのです。

この二ヶ月にわたったツアーの中でとても興味深いものがあり、地元の報道機関でも広く取り上げられ、交信がユーモアにとんでいることを広く知らしめてくれました。これから紹介させていただくものは、その中でもとくに面白かったものです。

＊　＊

まずは、ワージング講演でのことです。あちらの世界へ渡っても生前同様に権力を振りかざしていた巡査部長が、会場にいた未亡人と話をしたがりました。彼は生前、家庭に軍隊のような規律を持ち込んでいた気難しい男性でした。妻に直立不動するように伝えてきたので、奥さんは亡くなっても何も変わっていないことを実感し笑い転げました。彼は、奥さんに最期を看取ってもらえず、

〈私は、独りで息をひきとった。でも今、別れを告げられてよかった。もうこの世では会えないから〉

それから、未亡人が耳に障害があることを告げ、

〈気にかけていましたか？〉

と奥さんに尋ねると、

「補聴器を買いましたが、家の引き出しに入れたままで使っていません」

するとご主人は、

〈いつも無駄金を使っているのだ。耳だけではなく歯も同じことをしている〉

と伝えると婦人には申し訳ないですが、私を含めて観客らは大笑いをしました。ご主人は、奥さんをとても理解していたと伝え、

〈今回、皆を笑わせることができて、大きな喜びとなりました〉

と彼は言ったので、

〈冗談を飛ばせるなんて幸せですね〉と私は答えました。

それから彼は、夫人が足に問題をかかえていると伝えてきたので、当初お伝えした夫人の歯の具合を間違ってしまったかと不安に思いましたが、意に反して、その件を彼女は否定したのです。

〈ご主人は、足ではなく靴の件だとおっしゃっていますよ〉

と私が言うと、なぜだかわかりませんが、観客らは興奮しながら大笑いをしました。

〈ご主人はコメディアンのようですね。日曜日だけでなく、毎日帽子をかぶるように言っています〉

そして奥さんの耳の話題に戻り、左耳が悪いのできちんと補聴器をつけるように、と伝えると、

「そうします。すぐにつけるようにします」と女性は答えました。すると、彼女の亡き義母がやってきて、彼女の健康について、

〈胸さえ冷やさなければ大丈夫です〉と話ました。

このご家族は、とても面白い方々で、観客らを楽しませ、同調させ、一緒に笑っていました。

＊　＊

シャトハム講演でも、おもしろいメッセージがありました。

十年ほど前に亡くなった男性が、息子さんが大変だった八年前について語りました。

〈あなたは、そのときに引っ越しをしませんでしたか〉と聞くと、

「いいえ」と息子さんが答えましたが、私が強く主張すると、

「ああ、そうでした。隣りの家へ引っ越しをしました」と息子さんは答えました。

その父親は、私の目の前に車を山積みにする映像を伝えてきたので、

〈あなたの生活手段は何ですか〉と息子さんに尋ねると、

「バスの運転手です」

〈でも毎日ではないですね。お父さまは、あなたは四つの仕事を持っていると言っています〉

息子さんは同意しました。

〈あなたの生活は、ずっと不安定ですね。いつもご自身とたたかっていますね〉

その父親は、１４６か１４８という数字を出しました。

〈この番号は、あなたが運転するバスのナンバーですか？〉と聞くと、

「時々」と息子さんは言いました。

〈お父さまは辛口のユーモアがお好きですね。あなたも似てらっしゃるわ。耳に問題はありませんか？　両耳です〉と聞くと、

「ほとんど聞こえません」

〈バス会社は、そのことをご存知ですか？〉

「秘密にしています」

〈お父さまは、ちゃんと聞こえるはずだと言われています〉

観客には、これらのやり取りが非常に面白くうつったようでした。

〈お父さまは何をされていたのですか？〉と尋ねると
「配管工でした」

〈あなたを跡取りにしようと思いましたか？〉

「いいえ、兄をしようと思っていました」

〈でも、お兄さんは途中で辞めましたね〉

「ええ、あまり興味がなかったようです」

〈お兄さんは、あなたの家の配管を修理しましたか？　ありえませんよね〉

と答えると、観客は笑い転げました。

〈お父さんは、お兄さんが触ると皆壊れると言っています。排水管のそばに近づけてはだめですよ〉

さらに笑いが広まりましたが、その父親は話を止めようとはしません。それどころか、息子の家の家具の配置が気になるようで、

〈台所のどこが悪いのですか？〉と息子さんに尋ねると、

「大きくしたいのです」

〈だめですって。どれも計画倒れで何も完成していません。それに、何があってもお兄さんだけには手伝ってもらってはだめですって。今の家を売って、大きな台所がある家に越しなさい。奥さんには台所が必要で、穴の開いた壁はいりません〉

このやり取りが、どれほど観客にうけたか、ご想像がつきますか？

この父親はさらに、息子がシャサムを気に入らずに二年も前から引っ越しを希望していたこと、また、引っ越せば希望どおりの家に住めることを伝えてきました。そして最後に、〈また、こちらの世界に戻れるとは思ってもみませんでした。でも、戻れたのですね。本当に、できたのですね〉と言って終わりました。

＊

マーゲイトの会場でも、観客の女性に向けて、霊界から多くの人が現れました。その数があまりにも多く、列をなしている様子を伝えると、客席からは大きな笑いが起きました。

その女性の亡母は、彼女が現在付き合っている男性に対し、三回も心変わりをしたと伝え、〈彼はあなたとは合わないわ。でも、人の意見を聞きません〉と語りました。

すると、今度は娘さんのおばあさんが現れました。

〈もっとよくなれるのに、前に進む気がないのです。何でも決めてくれる人を望んでいますが、そんな人は現れません。もし私だったら、視野を広げます。あなたのお母さんがやったように、好きなようにすればいいのよ。お母さんには本当に手を焼いたわ〉

と、おばあさんが語ると、観客たちはお腹をかかえて笑いました。

おばあさんは、お母さんは葉蘭（バラン＝食べ物を分けたり、包んだりする大きな葉を持つ植物）が大好きで、よく牛乳で磨いていたと伝えてきました。

この女性に対しては、あらゆる方からメッセージが届きました。

この後男性が現れ、彼女がもっと若かったころに住んでいた家の近くの小路を示しました。

〈小路をあなたと一緒に上ってきた人が、霊界から来ています。でも、はたから見ていると少し滑稽に見えますね。彼は、あなたのことが大好きだったのに、いつも逃げられていたと言っています〉

「できるだけの努力はしました」と彼女は笑いながら返答しました。

このように笑いがあることは、とても喜ばしいことです。

シェイクスピアが、悲劇の最中でも、道化を息抜きとして入れるように、喜びと悲しみは表裏一体で、涙と笑いは人生に欠かせないものです。

殺人、自殺、戦死、事故死の方も現れますが、彼らも残された人々の前へ現れると、時々笑わせてくれるのです。多分、亡くなった後のほうが、ユーモアセンスが磨かれているのだろうと察します。

＊

次に、特異な例を紹介させていただきます。

エジンバラにおいての講演では、客席にいた娘さんのもとへ亡き父親が現れました。彼の妻は、亡くなる前にさまざまな問題を抱えており、その父親を通して、

〈娘の母親はいつも大変でしたが、母親は娘の理解に、とても感謝をしている〉と伝えてきました。

「母が、そんなことを言うなんて、信じられません」と娘さんは、驚きと疑いの表情で答えました。

〈まぁ。でもお母さんの言葉ですよ。お母さんは、あなたに愛を与えるために戻ってきたと言っていますが、受け入れられますか？　心に恨みを抱いていることは、自分自身を傷つけることになる、と言っています〉

「努力してみます」と娘さんは言い、

〈それでいいわ〉と私は言うと、父親を通しての、その母親からのメッセージを伝え続けました。

〈多くのことは私の落ち度ではなく、生活環境の問題でした。お母さんは、すべてを誤解してい

たことを、あなたのご主人にわかってほしいそうです。お母さんを許してあげられますか？　お母さんは、心の内をお父さんに見せられなかったと言っています〉

それから、彼女に父親を理想化しているのではと尋ねると、彼女は認めました。

〈お母さんは嫉妬深かったようですね〉

「はい、そうでした」

〈あなたにとって、お父さんの行動はすべて正しくて、お母さんの行ないはそうではありませんでしたね〉

「はい、そうです」

〈あなたがお母さんの写真をいまだに持っているのを見て、そこまで激しい敵意があるわけがない、とおっしゃっています。あなたは小さいころ、ご自身を邪魔者だと思っていましたね。お母さんが厳しすぎたので、子どものころから彼女に心を閉ざしていましたね〉

「はい、本当にそうです」

〈許してもらえるのなら、心穏やかになれると、お母さんは言っています。思いもよらないでしょうが、ご両親は現在は一緒にいるそうですよ。お二人は水と油でしたが、もう互いに悪意は持っていません〉

それから母親は、またお父さんを介して、彼女（母親）自身の悪癖は愛情のない両親によって育てられ培われたものだったと説明をしました。

私はその娘さんに、

〈お兄さんがいらしたけれど、彼はお母さんのお気に入りで、扱いが違っていましたね。お兄さんは、お母さんのようになってはいけない、とあなたに言っています。どういうことか、おわかりになりますか〉

「はい、それを一番恐れています」と彼女は悲しげにうなずきました。

〈ご主人の肩に手を回し、どれだけ愛しているか伝えてあげてください。彼を拒否してはいけませんと、お母さんは言われています。あなたが、ご主人に愛を伝えることができれば、お母さんにとっても苦労の甲斐があります〉

初めに父親が現れましたが、実際に交信を熱望したのは母親のほうで、このような例はとても珍しいことです。

＊

ロンドンのドミニオン劇場での大きな講演でも、とても面白い交信がありました。

私は、前列に座っていた男性に向かい、

〈お母さまがいらしていますよ。音楽が鳴っています〉と言うと、

「ええ、ピアノを弾いていました」と彼は答えました。

彼のアメリカ訛《なま》りの返事からなのか、彼のお母さんは私を大西洋の向こう側へ〈イメージとして〉連れていきました。そのことを彼に聞くと、

「私は、フィラデルフィアで生まれたのです」と答えました。

〈お母さんは、とてもはっきりした性格ですね。そして、あなたも似ていますね。あなたは口ひげをはやしていますか？〉

ここで少し説明をしますが、会場の照明は観客が私を見るためであり、その逆には設計されていないので、会場の相手がよく見えるとは限らないのです。

〈ひげを二回そり落としたことがあると、お母さんが言っています。それから、お母さんはたくさんの馬を私に見せています〉

「私には、落馬した嫌な経験があります」と男性が言い、

〈足の骨にひびが入り、腰と背中にいまだに影響がありますね。どういう治療をされましたか？〉

「大したことはしていません」

〈きちんと治療をするべきです〉

それから、他の質問に入りました。

〈最近、不動産を購入されましたか？　お母さんが、あなたはよくわからないうちに購入し、ご自身でも驚かれた。あなたには投資する資金はあっても使い方がわからない、とおっしゃっていますよ〉

「多分そうだと思います」と彼は言いました。

〈私にはわかります。霊界と交信をする際にも、同じようなことがあり、たとえば、問題の核心

部分をヒーリングしたいのに、その段階に達していない場合は仕方がありません。本物のチャンスに敏感になるしかないのです〉

するとその男性の父親が現れ、

〈究極のところ、あなたはお父さんと同じだそうで、忙しすぎると何も成長しない、とおっしゃっていますよ。そして、あなたの成功をとても誇りに思っています。あなたは人生で、とても傷ついたことがありますね。でも人生はあなたが思っているほど困難ではなく、終わりはないとおっしゃっています。ご自身で思っているより、もっと平和で、もっと満ちたりているものです〉

と伝えました。

〈三人のお子さんがいますね〉

「はい」

〈あなたは家を二軒お持ちです、とお父さんは言われています〉

「ちょうど今、新しい家を建てたばかりです」と男性は答えました。

〈もう一つ、机を置く予定ですね〉

「正解です」

〈三軒目が建ったら、驚かれますよね〉

「ええ、もちろんです」

〈でもできます、建ちますよ〉

その男性は、私のマネージャーの大事な友人だと、後からわかりました。ロンドンに奥さんと一緒に来ていたので、マネージャーの紹介で講演に参加したのです。

以前にも説明しましたが、もし知人だとわかっていたら通り過ごしていたでしょう。

私はその男性にはその晩初めてお目にかかり、講演後の夕食会には、マネージャーとプロモーターと共にご夫妻で参加されました。

この夕食会で、歌手のものとは異なりますがプロモーターより「ゴールドディスク」をいただきました。それには、

「ドリス・コリンズ　へ　――道標への最高記録突破」と刻まれていました。

話を戻しますが、その日私がメッセージを伝えた男性は、カリフォルニアの映画プロデューサーだと知りました。彼は私が伝えたことはすべて正確だったと語り、ステージ上の私と話しているときに、糸でつながっているような不思議な感覚がしたそうです。的確にお伝えするのは難しいのですが、真綿の細い糸のようなものだったそうです。

通常、交信の後にお手紙をいただいたり、手短かに会話を交わすことはありますが、私が霊媒となり霊界からのメッセージを伝えた人と、じっくりと話をすることは極めて稀なことで、このコメントはとても興味深いものでした。

＊

スコットランドのエアーでの講演では、バルコニーに座っている女性のもとに、霊界の男性によって導かれました。

マックスウェルという姓を伝えられ、その男性は彼女の父親だと判明しました。

父親は、娘は自分が何を求めているのかわかっているのに、たびたび人々に逆らって口出し、自ら苦悩を作り出している、と伝えてきました。

〈デッサンはされますか？〉

父親がしきりと何かスケッチをしているので、彼女に尋ねると、

「はい」と彼女は言いましたが、それは生活のためではないようです。

〈どんなお仕事をされていますか？〉

「講師をしています」

〈お父さんは、あなたが仕事を変えたときには、この仕事で成功するとは思わなかった、とおっしゃっています〉

「私もそう思いました」と彼女は同意しました。

〈なぜ海外に出たいのですか？　お父さんは、海外に行きたがっているが、まだだめだ、とおっしゃっています〉

二月か三月について何か言いましたが、伝えることができず、娘さんもそのことには関心がないようでした。

〈講師とおっしゃいましたが、何を講義されていますか？〉

「配膳業です」

この答えは意外でした。その父親はずっとスケッチを続けていたからです。

〈デッサンのことは忘れて〉と私が口にした途端、突然すべてが理解できました。

〈油絵を描きますか？〉

女性はうなずきました。

〈あなたの望んでいるのは、それです。お父さんは、才能があるのだから、その道に進むべきだと言われています。でも、ご自身では才能がないと思われていますね〉

「ええ、時々才能があったらよかったのに、と思っています」と女性は言いました。

それから、父親は二つの結婚指輪を私の指にはめ、その一つを吹き飛ばし、その結婚には意味がなく長続きしなかったと言ったので、

〈あなたは二回結婚をされましたか？〉と聞くと
「はい」と答えました。

〈もうしないでください。タイミングが悪いので、また失敗をします。あなたは自由がほしい人なのです。結婚すれば束縛されます。経済的な事情の場合のみにしなさい〉

その父親は、とくに次の言葉を強調しました。

〈ドアを開けないまま立ち去らないでください〉

私は彼女にそう言い、このデモンストレーションは終わりました。

＊

エアー講演では、珍しいことに隣り同士に座っている女性らに、メッセージがそれぞれ現れました。正確に言うと、霊界から、二つの異なったメッセージが、双子のように仲のよい二人のもとへ届いたことになります。

一人目の女性には、とても毅然とした態度の女性からメッセージがきました。

〈引っ越したばかりですか？〉

「はい、そうです」

〈荷造りは大変でしたね〉

「ええ、本当に大変でした」

〈あなたは、彼女にとても似ていて、すべてのものが定位置にないと気がすまない、とおっしゃっていますよ〉

「まさしく、そのとおりです」

〈今は、以前ほどお料理をせず、簡単なものしか作りませんね。料理上手にするために、一生懸命教えたのに、何もしていないし、栄養になるものを食べていない。もちろん、お母さんからの伝言ですよ。栄養になるものを食べていないと繰り返しおっしゃっています〉

すると、ビルという男性が現れました。

〈ビルという方がお越しです。どなたかしら？〉

「お父さんです」

〈では、ジョンとはどなたかしら？〉

「父の弟、私の叔父です。父には兄弟がたくさんいたので、混乱すると思います」

と女性は答えました。

〈お父さんは、目の前でお金をジャラジャラさせています。お金には細かいほうでしたか？〉

「お金持ちではないですが、管理はきちんとしていました」と女性は同意しました。

〈お父さんは、一ペンスを大事にすれば大きなお金になる。私たちは、小銭を貯める必要があった、とおっしゃっています。そのお陰であなたは教育を受けられましたね〉

今度は突然、プリンス・オブ・ウェールズについて話し出しました。彼と王位継承者が何か関係があったなどとは、考えつきませんでした。

〈パブでしたね。わかりますか？〉

「プリンス・オブ・ウェールズは存じていましたが、父が実際によく行っていたとは知りませんでした」と彼女は答えました。

〈お父さんのお知り合いが、そこで働いていました。……待ってください、お父さんは制服を着ています。これなら、プリンス・オブ・ウェールズに結びつくわ。私が何を言っているか、おわかりになりますね〉

「父は、献身的な軍人でした」と女性は答えました。

〈もちろんですとも。陸軍の制服を着ています。よくわかりませんが、私に軍隊式の挨拶をされました。靴磨きと団体訓練が得意で、あなたもそのように厳しく育てられましたね〉

と言うと、女性も同意しました。

その間、もう一人の霊界から来た男性が、その女性の友人と話すために、ずっと通路で待っていました。

それは、突然死をした男性で、彼はいきなり逝ってしまったことを詫びていますが、彼の死後に、彼女が独り立ちできたことを心から喜んでいました。

それから彼は、奇妙なことを言いました。

〈あなたは、時々タバコの臭いを感じますね〉

「はい」

〈その臭いがするところに、彼はいるそうですよ〉

Chapter 4　驚きの連続

自殺や殺人で亡くなった方を取り上げる前に、事故死か病死の方々との交信をご紹介しようと思います。

デモンストレーションでは、一般的な例を故意に選ぶ場合があります。

霊界からのメッセージは、通常、劇的なものではなく、地球上とその隣りの世界との間の、ほかならぬ愛の絆なので、死後の世界を証明するには、ごく普通の交信が最適なのです。ただし、それを受け取った方々にとっては、驚くべきものとなります。

＊

プレストンでの講演では、脳膜炎で亡くなった幼子からのメッセージが、一人の男性のもとに届きました。

〈お子さんの姿は見えませんね。ただ、感触があるだけです〉

その男性は、亡くなった子の父親でした。

「あの子は、生後二週間で亡くなってしまいました」

〈他に二人のお子さんがいますね〉

「はい」

〈この子の死が、あなたのトラウマになっていますね〉

「はい」

〈今度は、男性が出てきました。彼は、悲観的にならないでほしい。その子の魂は過去世において経験を多く積んでいたので、現世には短期間だけ、愛を与えにやってきた、と伝えています。あなたにはお孫さんがいらっしゃいますね〉

「はい、男の子が一人」

〈その子は、亡くなった娘さんが与えてくれた子です〉

以上が、そのときのメッセージでした。

*

シェフィールド講演では、最前列のご夫妻のもとにメッセージが届きました。

まず、ご主人の亡父が現れると同時に胸に痛みを感じたので、心臓病で亡くなったのか尋ねると、それは事実でした。

今度は、奥さんの亡父が私の意識の中に一瞬現れました。地球上では一緒に住んだことがなかった二人ですが、あちらの世界では一緒のようでした。

さらに、奥さんの亡母も現れ、続いてご夫妻との関係はわかりませんが一人の男性が現れました。

〈ポーランドからの男性が来ています。お心当たりはありますか？〉

　ご夫妻とも覚えがないらしく、

〈おわかりになりませんか？　ポーランドかドイツの方です〉

「思い出しました。ポーランド人と働いていたことがあります」とご主人が口をひらきました。

〈その方です。一緒に働いていたそうです。この方が挨拶に来るとは夢にも思っていませんでしたね。彼は突然姿を消しましたが、あなたにとても親切にしてもらったのでお礼を伝えに来ました〉

　奥さんの母親は彼女に健康に注意するよう伝え、

〈あなたにはスピリチュアル・ギフト、メッセージを伝える霊的能力がありますね。ご主人はそのことを、初めは否定的でしたか？〉

「いいえ、そんなことはなかったです」

〈お母さんが、あなたの思うようにはできなかった、と言われていますが〉

「そうは思いません。家族は皆、好意的でした」

〈あなたは、与えられた力を完全には使いこなしていませんね。霊媒体質のようですが、完全には開花させていません〉

「ずいぶん前にあきらめました」

〈でも、もっとやることがありますよ。一番大事なことは、タイミングです。大きな壁があり、それを壊すにはまだ時期が来ていません。ときがくればその壁は崩れ去ります。最後にご両親が、色々な人に巻き込まれずに、一人でやっていくように、とおっしゃっています〉

これらは、一組のご夫妻に対して、三人の親戚と一人の仕事仲間からメッセージをもらった例でした。

＊

バーミンガム講演では、心臓発作で亡くなった母親から五人姉妹の末娘へメッセージを送ってきました。

〈結婚式の日取りに問題がありましたね〉

その娘さんは、日程を変えたことを認めました。

〈もう少し、やさしく言いますね。テッドとはどなたかしら?〉

「主人です」

〈そうだと思いました。お母さんは、あなたは最初テッドを認めずに、しばらくして彼が思っていた以上に魅力的な人だと気がついた、とおっしゃっています。彼は、お金に細かいほうですか?〉

「いいえ、そのようなことはないです」

〈あなたのお母さんが、私にお金を見せています。何の意味かしら?　お母さんは、何かほしい

ものがあるときは一ペニーを大事にするように、と言っています〉

その母親は、私に髪の毛のことを思い出させたので、

〈髪を切りましたか?〉と娘さんに尋ねました。

「前の晩に、義理の母の髪を切りました」

〈その方は、この会場にいらしていますか?〉

「いいえ、でも義理の妹は来ています」

〈あなたのお母さんは、義理のお母さんはとてもいい方ですが、あまり気にしないように、とおっしゃっています〉

その言い回しが少しおかしかったらしく、観客から笑いが起きました。

*

レスターの講演では、ガンで亡くなった男性が現れ、すでに再婚している彼の妻宛にメッセージを伝えてきました。

彼は、あまりにも若くして亡くなっており、まず娘さんのことを語りました。

〈娘はとても愛《いと》おしかったのですが、育てることができませんでした。ですが、妻の再婚相手の男性には、娘のよき父となっていただき感謝しています〉

〈引っ越しをされましたね〉

「はい」と女性は同意し、

〈とても素敵な家で、僕ができない分までも娘のためによくやってくれている、あの子は僕に似て頑固ですが、ぼくは娘の成長をずっと見守っています、と言っています〉

「ええ、彼女は本当に頑固です」

〈そこは、僕にそっくりです。僕の死は彼女に影響を与えたが、今はもう大丈夫です。気難しい僕でしたが、君は僕にとってすべてでした。君と過ごした時間は、人生で最高の日々でした〉と妻に感謝の言葉を送ってきました。

最後に、娘さんが成人したら彼の指輪を渡すように、奥さんに頼み終わりました。

＊

ハーロウの講演では、心臓疾患で亡くなった男性が現れ、色々な部分の痛みが私に伝わってきました。

〈亡くなる二年前には死を予感していました。でも最期《さいご》が訪れたときは、とても早かったです〉

彼は、前から三番目に座っていた女性のもとへ私を導きました。

〈マーガレットとはどなたですか？〉

「私の母です」

〈彼女もいらしています。まず、孫娘さんとお話しをされたいそうです。あなたの隣りに座っている方がお孫さんですね〉

「はい、そうです」

ステージに現れたのは亡母で、まず孫娘さん、そして娘さん、それから知人について話をしました。ほとんどが、そのお母さんからのメッセージで、初めに現れた男性は、奥さんを紹介するためだけに出てきたようでした。

孫娘は気難しく見えますが、それは育て方が影響していると伝えてきました。

〈私たちは感情には出しませんが、あなたのことをとても愛しています〉

と言い、孫娘はおばあさんに、あらゆる面で似ていると付け加えました。

〈ミュリエルとは、どなたですか？〉

「叔母です」と少女は言い、

〈ご存命ですか？〉

「はい。祖母の義理の娘です」と少女は言いました。

〈ミュリエルは、ご苦労をされていますが、おばあさんが手助けをされています。ミュリエルはおばあさんをあまり好きではなかったようですね。でも、何の問題もないです。彼女もミュリエルを好きでないようですので〉

と伝えると、観客から笑いがこぼれました。

〈彼女は、あなた方を通して、他人が家族に入り、それを受け入れることを学んだそうです。息子さんが選んだお嫁さんでしたが、ミュリエルは思っていた以上にいいお嫁さんだったそうです。ミュリエルはこの会場にいらっしゃっていますか？〉

「いいえ」

〈お互い意思の疎通が上手くいかなかったようですね。おばあさんは、とても威厳がある方ですが、お母さんにも同じことが言えるそうです。正しいでしょうか？〉

「はい、そうです」と母親はうなずきました。

〈おばあさんは、当初は、あなたに対しては正論を言ってきたのですが、あなたはご自身の望みどおりに生きてきましたね〉と母親に対して話し出しました。

〈あなたはとても賢くて、その毅然とした姿勢を、とてもうれしく思っているそうです。この意味がおわかりですね。大勢の前で私たちのビジネスについては話したくないそうで、この辺で充分だそうです〉

ここでも、観客たちは笑いだしました。

交信が弱まってくると、娘さんは、

「母の幸せを祈っています」と言ったので、

〈もちろん、お母さんは平穏無事でいらっしゃいます〉と伝え、終わりました。

*

チャタムの講演では、小さい赤ん坊からのメッセージを、明確に受け取りました。

私は頭が痛くなり、その子が呼吸困難で黄疸が出て亡くなったと感じました。そして観客の中の一人の女性のもとへ導かれました。そしてその女性に、私を導いたスピリチュアルな存在の赤

ん坊のことを話すと、

「生後二日で亡くなった私の女の赤ちゃんです」と答えました。

〈息子さんもいますか〉と聞くと、その女性は「はい」と答えました。

それから彼女の亡夫も現れ、彼が、この赤ん坊をこの場に連れてきたと伝えてきました。

彼は、妻に対して、

〈胸の痛みについては気にしないように。君は、まだこちらの世界に来るには早すぎます〉と伝えてきました。

〈あなたは、背中と左足も悪くしていますね。ご主人たちは、できるかぎり、あなたの手助けをしようとしています〉

それから、その女性の亡母がユダヤ人の友人と共に現れ、娘さんに、年の終わりごろには問題は解決するから、と語り、さらに姻戚関係の問題は、流れに任せるように、と伝えました。

これはとりたてて注目する交信ではありませんが、霊界に帰った人々が、残してきた大切な人たちの未来について語り、亡くなった赤ん坊、亡夫、亡母、最後に亡母の友人と、霊界の人々が、こちら側で認識されるまで、きちんと順番待ちをしている例でした。


同じ晩のデモンストレーションで、劇的な例が起こりました。

男性が霊界から、私の目の前にいた女性のもとへ現れました。彼は、心臓発作で急死されたようです。

〈この方が、どなたかおわかりになりますか?〉

「ええ、わかります」と女性は言い、

〈彼は、あなたのお母さまに会ったそうで、ジョンという方について話しています。霊界にいる、ジョンはご存知ですか?〉

「はい、知っています」

〈ジョンは、二人の少女に伝えたいそうです。娘さんはお二人ですか?〉

「いいえ、四人います」

〈四人も女の子がいるのですか?〉

「そうです」

〈何で二人のことなのかしら? お二人には何か健康上の問題はありますか?〉

「いいえ、とくにないです」

〈お一人には、健康上の問題があります〉

「ああ、確かにそうでした」

〈では、彼の言っていることは確かですね。彼は、手助けをしようとしています〉

このメッセージは、第三者を介しており、まず男性が現れ女性のお母さんについて語り、ジョンという名の男性からのメッセージが、最初の男性を通して伝えられました。

〈どなたが洗濯をされていましたか？〉

「母だと思います」

〈ローズと呼ばれている女性が、あなたが幼いころ、家に洗濯物を運んできましたね〉

その男性は客席の女性が、彼の形見の腕時計をしていると私に伝えてきました。彼は、スリッパをはきエプロンをした姿で家にいる女性を見て、

〈何で今日はぼくのために着飾っているのだろう？〉と聞いてきました。

彼はその女性をとても愛していました。

〈でも、彼女には少し意地悪をしてしまった。口論もしましたが、彼女を愛していたことをわかってほしい〉

そして、女性が彼の書類を引き出しの箱の中にしまっている様子が浮かびました。そのことを言うと、彼女はそれを認めました。

〈ぼくはいつも彼女に勇気を与えていましたから、今は、背後から彼女を守っているのです、と言っています。病院と何か関係はなかったのですか？〉

と女性に尋ねると、男性は女性の手を握り〝最愛の人だ〟とメッセージを送ってきました。この男性は女性のご主人でした。

彼は、突如、私にメダルのようなものをピンで留めようとしました。

〈彼は、勲章を授与されましたか？〉

「いいえ、ありえません」

〈軍人ではないのですか？〉

「軍人だったのは最初の夫です」

と女性が答えたその瞬間に二人の夫が現れました。軍人だった最初の夫は、二番目の夫と合流をしたのです。

〈ご主人がお二人いらしています。でも、ちょっと待ってください……。結婚指輪が三つ視えます〉

「私は二回しか結婚していません」

〈確かに三個視えます〉と私は強調しました。

「また結婚するなんて言わないでください」と女性が言うと、観客から笑いが漏れました。

〈再婚の機会はありましたか？〉

「はい、だめになりました」

〈その三番目の男性がいらしていますよ。これは驚きですね。あなたの人生にかかわった三人の男性が皆現れました。三番目の男性は、あなたのことは目に入れても痛くないほどかわいかった、と語っています。結婚をする予定で、あなたは、申し分のない奥さんになるとわかっていたそうです〉

突然、煙《けむり》がのぼった感覚がしたので、

〈彼は、撃たれましたね〉と解釈をすると、女性は、

「はい、そうです」と答えました。

〈気にしないでください〉とその話題には触れませんでした。

〈三人の男性らは、一緒にやってきました〉

同じ女性を愛し、残してきた男性たちが、霊界では友人となったのです。

私には、三番目の男性がどのような状態で撃たれたのかはわかりませんが、戦争で亡くなった方を論じることは、多くの学びを与えてくれます。

＊

グラスゴーでの講演では、最初にロバートという男性が義理の娘さんのところへ現れました。頭を撃たれた感覚がありました。

「戦争で狙撃され亡くなりました」と、娘さんは言いました。

ロバートは義理の娘に、息子のことを伝えたがっていました。

〈結婚生活に問題がありますね〉

すると、彼女はうなずきました。

〈義理のお父さんが『息子にとって、あなたは最高のお嫁さんなので別れないでほしい。息子は、水に溶けてしまいそうなほど、心が弱いのです。だから、父親の私に免じて、あの子を許してください』と言っています。……あなたは、仕事をされていますね〉

「少ししています」

〈心を開いて、世の中に出ていってください。あなたは、閉じ込められているようです。ご主人は芸術家を目指しましたが、今は止《や》めていますね。音楽をやっていますか?〉

「以前はしていました」

〈ポップ、ポップ、ポップというリズムが聴こえてきます〉

「時間の無駄でした」

〈それは本来の仕事ではありません、とロバートは言っています。彼はアルバイトをしていますか?〉

「はい」

〈よく、彼の居場所がわからなくなりますね〉

「ええ、本当にそうです」

〈あなたは、彼に浮気は絶対に許さない、と言っていますね〉

「はい、そうです」

〈義理のお父さまが、あなたは、息子よりもしっかりしているので、彼を叱咤激励してほしい、と言っています。彼の耳のあたりをゲンコツで殴っているのが視えますが、事実ですか? お仕置きをされたのですか?〉

「はい」と彼女は認めました。

〈それは、とてもいいことです。女性の強さはそこにあります。でも、あまりやりすぎないように〉

と私が答えると、会場は大爆笑となりました。

〈義理のお父さんは、あなたは賢く、息子に尽くしてくれているのでお礼を言いに現れました。お父さんはよくわかっていて、あの子にはもったいないお嫁さんだ、と言われています。……『私はあの子の言動を大目に見ることはできません。こんなことを、あなたの前で言ってはいけないが』……〉

「どうぞ、続けてください」

〈息子がこれをしている間は、できるだけ機転をきかすようにしているのだが〉

と、ロバートの言葉を伝えると、私は、棒で叩くようなしぐさをさせられました。

〈この、動作は何かしら?〉

「彼はドラマーなんです」と女性は答えました。

〈ボン、ボン、ボン、と演奏しているとき、彼はとても幸せそうな顔をしていますね〉

その女性には、メッセージの真意が伝わったようで、私は急いで話を止めました。

〈『あの子に言ってください。生活態度を改めないと、あなたを失うと、あの子に言ってください』

でも、すでに、彼には話していますね〉

「はい」

〈しかし、彼にはきちんと伝わっていませんね。わかるようにもう一度言ってあげてください。お父さんは、また同じことをしたら殴ってやってください、と言っています〉

＊

エジンバラの講演では、戦争で溺死した男性が現れました。

小さなボートと大きな船が視えました。でも男性は軍服ではなかったので、私は少し戸惑いました。しかし、彼は、船が沈んだと言い続け、客席の妹さんのところへ導きました。

彼女は、自分の兄は、プリンス・オブ・ウェールズ号（註：イギリス海軍の軍艦・第二次大戦中、マレー沖にて撃沈）での数少ない生存者の一人だと長い間思っていた、と話してくれました。

〈私が船に乗っていたことは、後になるまで誰も知りませんでした、とお兄さんは言っていますよ〉

妹さんは、当時はとても若かったので状況がよくわからずに、後日、お兄さんが海で溺死したことを知ったようです。

彼は、妹さんも知っているマックとトムと女友だちのアリスについて話しました。そして、妹さんが幼いころに胃がんで亡くなった母と今は一緒にいると語りました。お母さんの死後、妹さんの面倒はお姉さんがみて、おばさんにも大変お世話になっていました。

〈二十五年間、懸命に生きてきたのだから、そろそろ落ち着いてほしい〉

これが、亡き兄から、波乱にとんだ人生を送ってきた妹さんへのメッセージでした。

＊

ハロゲイトでの講演では、頭部を撃たれた青年が現れました。制服は着ていませんが、戦死された方のようで、青年の従姉妹の女性が、陸軍にいた彼は北アフリカでの任務中に後頭部を撃たれて亡くなった、と言ってくれました。

青年が、その従姉妹に対して現れたのかどうか確信が持てませんでしたが、次にアーサーという男性が現れ、すべてがはっきりしました。アーサーは従姉妹の友人で、彼が、射殺された青年をこちらの世界へ来る手助けをしたようです。

アーサーはその従姉妹のことを愛していたのですが、一緒にはなれなかった、と語りました。お付き合いはなかったけれど、彼女は最高の女性で、状況が違っていればいつも一緒にいられたと思う、と伝えてきました。

突然の求婚に、この女性のとても驚いた様子がテープから伝わってきました。

それから、彼女のおばあさんが現れました。

特定の人物と交信を取ろうとすると、複数のスピリットが現れることが多く、コミュニケーションが遠回りになってしまうことになります。今回の場合は、戦争の犠牲者の青年から始まり、アーサー、そしておばあさんと遠回りしました。最終的には、孫娘に人生の最も重要なことを教えたおばあさんで終わっています。

おばあさんは、とても貴重なアドバイスを持ってきました。そして、突然、

〈アメリカ合衆国に友人がいます〉と言いました。

〈もし、アメリカに行くと言ったら、びっくりされますか?〉と女性に聞くと、

「はい、驚くと思います」

〈では、うれしいことを一つ伝えます。あなたはアメリカに行くことになるでしょう。招待を受けたら、快諾してくださいね〉

*

ハンリー講演では、霊界から男性が現れ、会場にいた妻へメッセージを伝えました。

〈若いころに住んでいた場所に母親と一緒に戻るように〉

その男性は、妻のもとに何度も戻ろうと試みたようですが、彼女は、一度も彼からのメッセージを受け取ったことがないと言いました。

〈私の人生がこれなの?　と問いかけながら、部屋から部屋へ渡り歩くあなたに、彼は勇気を与えていた、と言っています。彼は、あなたなしでは生きられませんでしたが、あなたは、彼なしでも生きるすべを身につけました。あなたは、彼よりも、とても大きなことを学んでいます。……『君のしたいことはわかっているけれど、まだその人のもとへは行かない』と彼は、あなたにメッセージを伝えています。それから彼に、いつ行けばいいかと聞きましたが、彼の答えは『まだ』というものでした。彼の椅子に座ると、いまだに彼の匂いがしますね〉

「はい、そうです」と彼女は答え、

〈あなたは彼と話し、彼がいつも座っていた椅子を見つめますね。そして、毎晩欠かさず、彼におやすみ、の挨拶をしますね。彼に尋ねていた質問の答えは『まだ早い』です〉

# Chapter 5　病と人間愛

地球上に人類が登場する、はるか以前に「病」は発生していました。これらは、太古の動物の遺体に証拠として残っています。

人類の出現と同時に、痛みや病気と関わることを学び、紀元前には、肉体よりも心に向かって直接癒しを与え、身の保全のためにお守りをつけていました。

スコットランドの社会人類学者のジェームス・フレイザーの有名な著書『The《ザ》 Golden《ゴールデン》 bough《バウ》』(金の大枝：未開社会の神話、呪術、信仰に関する研究書)では、原始人は「病は心と魂の関連」を考慮していたと示されています。

近代思想は、心の状態が肉体に影響を及ぼすところまでたどり着きましたが、古代ギリシャでは、病弱な人々は薬の神を信仰し、司祭は神の教えを説き、治療方法を伝授しました。そして現在では、この方法の有効性が正当に評価されています。

また、これらの寺院は、初期のキリスト教の団体として作られ、現在の病院のもととなっています。

宗教による病気の治療方法は、寺院にいる無毒の蛇が患者の傷口をなめ、治癒させることから始まりました。蛇が薬の神のシンボルであり、その神が治癒させてくれたと信じられていました。

一方、科学的なヒーリングは、医学の父として有名なギリシャの医師のヒポクラテスにたどり着きます。彼は、紀元前四六〇年前後にコス島に生まれ、単に観察するだけではなく、記録を残しており、現在においても世界中の医師の間で謳《うた》われている次のような「ヒポクラテスの誓い」を作りました。

＊

1、医の実践を許された私は、全生涯を人道に捧げる。
1、恩師に尊敬と感謝をささげる。
1、良心と威厳をもって医を実践する。
1、患者の健康と生命を第一とする。
1、患者の秘密を厳守する。
1、医業の名誉と尊い伝統を保持する。
1、同僚は兄弟とみなし、人種、宗教、国籍、社会的地位の如何によって、患者を差別しない。
1、人間の生命を受胎のはじめより至上のものとして尊ぶ。
1、いかなる強圧にあうとも人道に反した目的のために、我が知識を悪用しない。

以上は自由意志により、また名誉にかけて厳粛に誓うものである。

＊

イエス・キリストはいうまでもなく偉大なヒーラーの一人です。彼は、それまで知られていなかったエネルギーを使用していたようで、慈愛による治療を施し、ときには信仰と精神性の教えを患者から求められ、彼は私たちが想像する以上の癒しのエネルギーに満ちたスピリチュアルな世界があることを説きました。彼には、患者がかかえている問題がなぜ起こっているのかが、わかっているようでした。

イエスを手本とし、病の治療は教会の関心事となりましたが、教会の分裂にともない、ヒーリングは衰退していきました。

三世紀にはいると、ギリシャの科学的な手法がユダヤ人の間で用いられるようになり、スピリチュアル・ヒーリングは、単なるキリストからの贈り物として、教会に形だけ残されました。そして、薬の効用が人々から大歓迎され、神の治癒力を使用する人は減少していきました。薬は神の存在とは無関係に作用するので、キリスト教のヒーリング力は少数の修道院のみで継続されました。その後、病気治療との関係が薄くなり、教会の権威自体も衰退していきました。

しかし、幸いなことに現在も、そのヒーリング方法は個別に受け継がれています。

たとえば、アッシジの聖フランシスコや、シーナのキャサリン、マーティン・ルサー、ジョージ・フォックス、ジョン・ウェスリーなどが有名です。彼らは皆、心理学的技術はなく、ただ、神を通して病を癒していました。

医師の時代が到来すると、教会と医師団はたびたび対立し、論争を巻き起こしました。

一二一五年には、ローマ法王は外科手術の技術を習得しようとした司祭らを非難しました。その結果、薬学は教会から分離し、二度と一緒にはなりませんでした。ようやく最近になってアメリカで聖職を学んでいる学生が、精神病院でのコースを取ることができるようになりました。ヒーリングで外科手術は行なえませんが、病の癒しの面ではとても重要性があると私は考えます。ですから、ヒーリングは過少評価されるべきではないのです。

プラトンは、肉体的病には心と感情が影響していることを認め、すべての治療には癒しが必要なことを説いています。肉体のみの治療は意味を持たず、たとえば頭と体を治療したければ、まずは心の癒しから始めるべきだと信じていました。それは、心理学を通して行なう治療方法のヒントとなりました。

バプティスタ・ポーターは治癒力があると言われた磁石を使用しましたが、悪魔と団結した魔術師だと非難され、彼の熱意は実りませんでした。一方で、ファーザー・ヘルは体につけるための磁気プレートで応用しましたが、こちらも上手くはいきませんでした。

次に催眠治療の時代が到来しました。マンチェスターの医師であるジェームス・ブライドと科学者たちが、リラックス状態の患者には、睡眠時と似たような症状があらわれ、さらに、誘発された睡眠は患者の特徴を示し、自然な形の睡眠とは異なることを発見しました。

彼は、自身が主張した催眠療法がリウマチや偏頭痛、麻痺などの苦痛を解放する事例をまとめ、一九八一年の英国医師会の会議で発表しました。

レスリー・ウェザーヘッドは、宗教とヒーリングに関する書物の中で、悪性貧血の若い少女を催眠状態にし、肉体が赤血球を通常どおり生産できるように心に語りかけ、治癒することができたと伝えています。その少女は、現在は二人の子どもを授かり、平穏な結婚生活を送っています。

フランス人のエミール・クーエは、自身に自己暗示能力があることに気づき、トランス状態に陥らずに無意識状態になれました。そして彼は確信ある声で、自分自身に何度も何度も繰り返し言うことで、目覚めや眠りにつくときと同じリラックスした意識状態になり、潜在意識の中へ入れることを発見しました。

彼は、毎朝患者さんたちに毎日、「あらゆる点でもっとよくなる」という単純なスローガンを繰り返させた結果、顕著な成功をおさめ、一日に百人以上の人々が彼のもとに押し寄せました。彼には、前向き思考の計り知れない力がわかっていて、気持ちが身体の状態に影響すること確信していました。

今世紀初め、英国国教会は、健康のために祈りを捧げることは、神の祝福を受けるにふさわしい行為だと委員会で認めました。

詩人・テニスンは神から与えられた力を使い、手で触れることで、多くの病人を治療しました。その他、数え切れないほどの例があり、人々はヒーラーたちを信じていました。

私個人は支持をしておりませんが、「クリスチャン・サイエンス」の創設者のメアリー・ベイカー・エディーは、医学治療のすべての慣習を排除した一人です。

私が好感を持っているのは、医者の協力を活発に求めた、ジェームス・ムーア・ヒクソン師のほうです。彼は、この仕事が神からのお役目だと感じ、精神性と医療治療が伴う施設を設計、チャペルを建設し、牧師、婦長、看護婦を任命しました。そして最終的に医師を指名しようとしたところ、医師らは医療資格のない者たちのなかで働くことを拒否し、結局その計画は上手くはいきませんでした。ですが、現在私たちは医療関係と競うのではなく、協力の道を探っているところです。

私の長い経験から言えることとは、多くの主導的な医師らとは意見が一致します。私たちすべてに共通していることは「人間愛」なのです。

多くの身体上の病は、愛の喪失が主な原因です。

その有名な例が、エリザベス・バレット・ブラウニングです。彼女は、教条的に聖書を教えられ、心身ともにがんじがらめの状態でした。繊細な彼女は、やがて発病し、自らの殻に閉じこもりました。

彼女にとって最も大事なことは、愛と同情と慈しみだったのですが、医者は、落馬による消耗性疾患であると診断しました。しかし医師らは彼女を治すことができませんでした。

そんなある日、ロバート・ブラウニングという男性が彼女の前に突然現れました。そして二人は恋に陥りました。彼女は四十歳で、すでに病を発症してから二十年たっていました。男性は三十四歳でしたが、二人は駆け落ちし、一年後にはイタリアの山中に住み、三年後には子どもを授《さず》かりました。そして驚いたことに、彼女の長患いは一夜にして消えてしまったのです。

彼女は無意識のうちに病気を引き寄せ、愛の代わりに哀しみと同情で心の飢餓を潤していたのです。しかし、すてきな男性が現れ、本当の愛が芽生えたことで心は潤され、気を引くための病気は無意味となったのです。

今では、さまざまなタイプのヒーリングがあり、ホリスティック（全体論：肉体、心、魂）な視点から、ヒーラーたちは患者と接しています。

ところで「ホリズム」という治療法は、ギリシャ語の「ホール」から来ており、すべてのものは全体の構成の一部だという考えです。全体論とは、たとえれば、水は水素と酸素からできており、水素と酸素は異なった性質をもっていますが、二つが結合されることにより、まったく違った物質になる……というものです。人間は水よりもっと複雑で、かつ多くの細胞や臓器によって形成されていますから、部分的な視点からではなく、全体像を見ます。

患者は一方的に助けてもらうのではなく、ヒーラーと患者は共に病に立ち向かいます。

多くの医者は、人間の力を実感し、ヒーリングが患者の自己治癒力の大きな手助けになることを認め始めています。

代替療法（alternative therapy）と呼ばれているものは、突然認知されて、チャールズ皇太子も通常の治療法として認め、力強い支援者の一人となりました。

また、マイケル・ミーチャーは、英国労働党の報道官として、一九八四年に代替薬品（alternative medicine exhibition）の展示会を開きました。

「私の義理の母は、背骨が悪化しましたが、これによって助けられました。代替療法は、わが国においてコンピュータの次に大きな成長をとげる分野で、針治療とホメオパシー（同種療法・代替療法の一つ）に注目すべきです」と語りました。彼は、英国医師会の調査もよろこんで受け「証明するときが訪れたのです。代替療法は受け入れられています」と話しました。

しかし、ワージングでは、牧師が「コリンズのヒーリング力を疑ってはいけない」と言ってくれたにもかかわらず、地元の教会のメンバーらは、私の力を危険なものとみなし、悪魔にとりつかれている、とまで言いました。以前、ティルバリーでデモンストレーションを行なったときにも同じような体験をしました。

横槍を入れてきた教会のメンバーたちは、私を「神の掟《おきて》を破った者」とみなしていました。しかし、このような意見が、教会に熱心に通っているスピリチュアリストや、新興宗教のリーダーたちの間ではごく少数だと考えています。

私を批判をする人々にはぜひ読んでいただきたい聖書の箇所（御霊《みたま》の贈り物）があります。

「ある人には、霊（スピリット）によって病気を癒す力、ある人には奇跡を行なう力、ある人には予言する力、ある人には異言を語る力、が与えられています」

（編集部註：コリント人への手紙第一／12章9-10）

私には、ヒーリングを与える力と受ける力の両方があります。つい最近、私が難しい手術を受けたとき、担当の外科医は、私の回復力の早さに驚きました。他人をヒーリングすることを通して、自身が早い回復に向かう方法を知っていたのです。

かといって、私は医学に対抗しようとは気持ちは一切なく、何度も言っているように、私の仕事が現代医学療法の補足となればよいと思っています。

私のもとを訪れる方々には、常に、医者に通っているかどうかを尋ねることにしています。中には、すでに病院で治療を受けられていて、補足としてヒーリングを受ける場合もあるからです。

近年、医師はあまりにも形式に捕らわれすぎ、忙しすぎて患者さんとの会話もおろそかになり、問題点を見つけ出すところまでたどり着いていません。

そこで、ヒーラーの出番となります。ヒーラーは患者さんの話を聞き、理解者となることによって、患者さんに自信をあたえ、彼らの助けにつながるのです。

私の処女作でお世話になった編集者のロジャー・シュレシンガーは、「私は、ドリス・コリンズの数々の講演のなかで、ヒーリング力のデモンストレーションを何度も拝見する恩恵にあずかりました。彼女は、すばらしい技能を発揮され、この分野においては、注目されるべき働きをされたと確信しています。とにかく彼女は、たった五分の間に観客から無作為に何人も選びだし、劇的な結果を生み出すのです。例を挙げると、あるステージでは、慢性の膝の関節炎で足を引きずりながら舞台に上がってきた女性がいました。痛みのあまり曲げることすらできなかった女性の膝に、ドリスが手をかざすと、ほんの二分の間にその痛みがとれ、足を引きずることなく、客席に戻っていったのです。

私には、ドリスのヒーラーとしての高い能力を科学的な根拠をもって説明することはできません。私も当初は半信半疑でしたが、個人的な経験をしたことにより、確信をもって例証することができます。

ある日、ドリスから出し抜けに電話が来て、私の健康状態が気にかかると言われたのです。どうして彼女にわかったのか、私は何週間も気管支の感染病で苦しんでいたのです。すぐさま彼女は家へヒーリングをしに来てくれ、到着するや否や、私に集中すると、私が何も言わないうちに私が長年抱えていた主な病名を診断していました。実際に行なうことは、彼女が手を握るか、胸の部分に手をかざすだけでした。私は、生まれてこの方、人の手から、こんなに熱が放射されるのを感じたことがなく、このような現象を今もって説明することはできません。二回のセッションを受けましたが、気管支の状態が和らぐまでは、それから三週間ほどかかりました。私の意見としては、これはドリスの治療の結果だったと思っています。

一方では、長年患っていた気管支の副作用がすっかり治ってしまいました。呼吸の病気のために、安眠がとれなかったのですが、ヒーリングのセッションを受けた夜は、まるで赤ん坊のように熟睡でき、胸がきれいになったころには、ゆっくりと眠れるようになりました。ドリスのヒーリング力は稀にみるものであり、医者の息子として誰よりも懐疑的であった私を、とても驚かせるものでした」

と話してくれました。

前作をお読みでない方々はご存知ないと思いますが、私は「遠隔ヒーリング」というものも行なっています。

有名なパントマイム師のアダム・ダリスが、イタリアで背中を痛め、トリノから私のもとに電話がありました。

「背中が麻痺しています。靴を脱ぐために、かがむこともできません」

このままではヌーボ劇場での二回公演をキャンセルし、金銭的な補償をしなければならない、と彼は言いました。

「いいえ、講演はできますよ」と私は彼に伝え、その電話口で話をしながらヒーリングを施しました。しばらくしてから、彼にかがんで床に手をつくように言うと、驚いたことに、すんなりとできたのです。

「これは奇跡です！　膝もまっすぐに伸ばせますよ！」

ところが翌朝目覚めると、痛みが再発しました。多分、マットレスが柔らかすぎたのでしょう。そこで、また私に電話をしてきたので、再びヒーリングを行ないました。

「その日は一日中、楽にかがめて、夕方には、ほとんど完璧な演技ができました」と、公演終了後に喜びの電話をくれました。

ヒーラーの中で、シッティングができる人はごくわずかです。

またシッティングできるすべてのミーディアム（霊能者）がヒーリングを行なえるわけでもありません。

私は、たまたまシッティングとヒーリングの両方の力をいただき、手と手をとるように、それらを組み合わせて治療をしており、遠距離電話でのヒーリングが可能になるのです。

前作で、ニュージーランドのジョン・ウォーカー選手の一大事のときに、遠隔ヒーリングを行なったことをお話しました。その後、トニー・ミッチエルという若いテニス選手のトレーナーが私のことを聞きつけ、ヒーリングの依頼を受けています。

彼は、ジュニアのチャンピオンで、アメリカへ渡りトレーニングを行なっていますが、残念なことに、腕にひどいケガを負い、二年の間に手首を三回も手術しています。

トニーに頼まれ七回ほど会いヒーリングをしましたが、三度目のときにテニスを再開し、七回目が終わったころには、一日、四、五時間はテニスができるまで回復し、以来、ずっと連絡を取り合っています。私は、肉体的なヒーリングと共に、自信の回復という精神面でも癒すことができたのです。

つい最近フロリダにいる彼から電話があり、テニスの腕前が上達したとの報告をうけ、胸がときめきました。彼の優勝を願うことはもちろんですが、何よりもヒーリングが役に立ち、プレーができるようになったことだけで、私には充分喜ばしいことでした。

舞台の上での数分間のヒーリングではその後の結果を知ることは難しいので、可能なかぎり、私の力がどれくらい有効だったか証言を得る努力をしています。私がヒーリングを施した多くの人々から「ヒーリングは効果的だった」と手紙をいただいたり、ときには私が訪れた町の地方紙に、私のヒーリング効果に関する記事を見ます。

たとえば、スワンシーに住んでいる女性が長年関節炎で苦しんでいました。彼女は私のヒーリングを受けたあとに、

「ドリスがリラックスさせてくれた後、私の体に激しいパワーが通るのを感じ、突然、首と腕が痛むことなく動かせるようになったのです。本当に、何十年かぶりの出来事でした」

と言っています。

自画自賛のようですが、ヒーリングについて語るには、このような人々の証言が必要なのです。皆が、私のヒーリング力を認めてくださるならば、それは事実であり、ただそれだけのことなのです。

では、この章の最後に、私の活力となった二通の手紙を紹介させていただきます。

膨大な量の同じような内容の手紙を受け取りますが、その中でとくに印象に残るものを選びました。

一通目はチューリッヒのご婦人からの手紙です。彼女の英語を少々訂正しましたが、許していただけると思っています。

『妹のフレイダについて手紙を書かせていただきます。彼女は現在三十六歳ですが、精神的な落ち込みが激しく、いつも両親と一緒なので、生きる力となればと思い、二年前のあなたの講演へ連れて行きました。

あなたのヒーリングを受けたあと、彼女は三十年間曲げることができなかった右膝を、曲げられたのです。

私はエレベーターのない五階に住んでいるのですが、妹に一段ずつ上るように言うと、彼女は目を丸くして、そのようなことは一度もしたことはない、と言ったのですが、勧めてみると、本当にできたのです』

妹さんが、午後の九時に私に思いを向けられないときは、彼女が代理に行なっているとも書かれていました。

私は、すべての患者さんに、可能なかぎり夜の九時になったら、私に思いを向けるようにと伝えています。私自身もできるかぎり、その時間に彼らに意識を向けるようにしています。もちろん、全員を思い出すことはできませんが、遠隔ヒーリングの力を送ることで効果があることを信じています。それはまた、ヒーリングに充分な時間がとれなかった患者さんたちへの治療の継続のためでもあります。

私にできることは、「遠隔ヒーリングリスト」に彼らの名前を書き込み、夜の九時に彼らのことを考え、癒しになることを願うことです。


二通目はブリクスハムの女性からいただいた「新たな希望」の手紙です。その女性は、人生の岐路に立つまでは修道女でした。マーガレットという名前のこの女性は耳が聞こえませんでしたが、ペイントンでの講演に訪れた際に、彼女の耳をヒーリングしました。

『イギリスでも、アメリカでも医学的な検査を受けたのですが、すべての記録に聞こえない状態だと書かれました。しかし、あのヒーリングの後、鼓膜の鼓動が聞こえたのです。笑われるかもしれませんが、あの当たり前の小さな音に気づくだけで、幸せを感じるのです。毎日夢のようで、小さな音が聞こえるたびにすべての苦痛から解放されます。神の愛、そして貴女《あなた》の愛に感謝いたします』

昨年のクリスマスには、マーガレットからカードが届き、彼女の美しい顔写真が同封されていました。そして、その写真の裏には「ドリス、聞こえるのです」と書き記《しる》してありました。

# Chapter 6　オーラ

以前、お見舞いに病院へ伺ったときの出来事です。

私は、オレンジ・マリーゴールドを持参したのですが、偶然そこにいらした外科医が「なんて素敵な花だろう」とおっしゃるので、

「オレンジのパワーをご存知ですか？　この色にはすばらしいヒーリング力があのですよ」

と私は答えました。

その医者にはわからなかったと思いますが、私は患者さんが何を必要としているか、それを第一に考えお見舞いのお花を選びます。

赤色の強い部屋でシッティングをすることは避けています。赤はとても刺激が強いからです。色によっては、その場を和らげる特質がありますが、たとえば赤色の車に乗っている運転手は、とても強引な方が多いそうです。

私は、常に色彩の大切さに気を配り、オーラの状態を仕事に取り入れています。

すべてのミーディアム（霊能者）に人々のオーラが視えるわけではありません。私は視ることが可能ですが四六時中ではありませんし、シッティングに集中しているときには、あまりオーラの状態を活用しません。反対にヒーリングではそれが役に立ち、とくに感情のもつれが原因の場合はとても有効的です。

人々を取り巻いている色は、その人自身を語っています。その色は常に変化しており、たとえば頭部周辺に出るオレンジ色は、知的な行動の変化を表します。もし、誰かが精神的な問題に集中していると、頭部のオレンジ色は光り輝きます。逆に心がリラックスすると、そのオレンジ色は減少するか消えます。ですから、精神的な打撃は人のオーラをも完全に変えてしまいます。

私はヒーリングをするにあたり、オーラの大きさ、色、濃度を観察しながら診断することも多々あります。信じられないかもしれませんが、ときには私がかざした手の平から色を感じとっているようです。

多くの方々から何年もの間、オーラの意味の説明依頼を受けていますので、この場をお借りして、少々お話させていただきます。ご興味のない読者の方は、どうぞお気軽に次の章へ飛んでください。

＊　＊

人間の肉体は増減する磁力によって囲まれています。それは、ちょうど地球が北と南の間に両極性を持っているように、足と頭の間に存在するのです。動物は、この磁界を通して危険を察知しますが、人間は文明の発達と共に、その認識力をほとんど失っています。

身の回りのあらゆるものは、放射をしています。

オーラはさまざまなレベルで構成され、それぞれが自然の一部として表されています。

それは、身体を取り巻く発光性の色に視えますが、研究するにつれ肉体だけではなく、霊体をも輝かせていることがわかりました。

古い魔術的な記述には幽体として書かれていますが、世界各地でさまざまな時代を経るにしたがい、呼び名も多様になりました。現在では、霊体と呼ばれることがほとんどで、昔の指導者の多くは、霊体とは、太陽の光が肉体の周りの霞《かすみ》に放射することにより、生きる力を肉体の回りに引き寄せるものだと信じていました。

また、高レベルまで養成された人々には、この霞を何メートルにも拡張することが可能です。

オーラは常に私たちの感情と精神状態を示しますが、一般的な彩色は体の状態によって、ゆっくりと変化します。

霊体は肉体とほぼ重なっており、多くのミーディアム（霊能者）は、それがシルバーコード（肉体と魂とを結んでおり、人が亡くなったときに肉体から切れて、魂だけが霊界へ戻る）によってつながっているのを実際に目にします。

私自身も、亡くなった方と同じ部屋にいたときに、このコードが切れるのを目撃しました。それは、一度切れると二度とつながることはありません。

これは聖書にも以下のように明記されています。

「シルバーコードが切れたときは、不要なものは土に戻り、魂だけが神のもとへ帰るのです」と。

第一次世界大戦の少し前、ロンドンのセント・トーマス病院のＷ・Ｊキルナー博士が『The Human Atmosphere』という本を書かれました。著書の中に、博士は人間がオーラを観察する方法を見い出したと、発表しています。

もし磁気の放射が、きわめて敏感な人たちに感じ取れるものならば、それは紫外線の現象と同じようなものだと考えました。この種の光は、普通は波長が短すぎるため目に見えません。ですから、オーラが現実に存在するのならば、可視光線を取り除き、紫外線だけを肉眼で認識できる装置が作れると考えました。

博士は確信を持ち、その研究に打ち込み数年後にはスクリーンを完成させました。その詳細を紹介するつもりはありませんが、博士の研究の結果、人間の体は、楕円形をした、ぼんやりと光る霞のようなものが、四方八方に、五十センチから六十センチくらいまで取り囲んでいることがわかりました。

書には、体には頭部、眉間、喉、心臓、脾臓、脊髄、みぞおち、の七つの中核があり、それらは他の核の部分へエネルギーを分配していると書かれています。

キルナー博士は、これらの研究をもとに、一九一九年「ａｕｒｉｃ診断システム」なる病気の診断方法を考案しました。

博士は、一定の特性を持つオーラは、とくに女性たちにより、意のままに体から出る光線を引き出し、オーラの色を変えることができることを発見、霊体は生命源の核であり、乗り物であり、同時に、健康にも大きな影響を与えるものだと悟りました。健康的な霊体は、多量の生命力を蓄えて四方八方に直線的に光線を放射しますが、病気になると放射は弱く、折れているように表れます。

ところで科学的には、電波もエックス線も同じもの（つまり光）で、ただ波長（波長の逆数が振動数）が違うだけです。目に見える波長帯は可視光線と呼ばれています。

エネルギーがもっとも高いものは波長が短い（つまり振動数の高い）ガンマ線で、次がエックス線……とつづきます。宇宙から降り注いでいる高いエネルギーの「宇宙線」については、未知のことが多いようです。いずれにしても、「振動」をともなう存在です。

カラーは可視光線の範囲内での振動数の違いから生じます。夜明けの繊細な色合いの変化や夏の真昼の太陽の強烈な輝き、日没のほのかで鮮やかな色彩など、自然界は色の調和によって成り立っています。

人間の基本的な気質は、「紫、藍色、青、緑、黄色、オレンジ、赤」の主要七種類の色によって反映されています。さきほども言いましたが、色の違いは、振動数の違いです。

私は、人の心理状態の目録を作るようなことはしませんが、これらの色がオーラの特徴を表しています。さて、前置きはこれくらいにして、それぞれの色についてご説明しましょう。

＊＊

では、赤から始めさせてください。

赤は、とても目立つ色で、生活の象徴となっています。赤いオーラは強さと活気を示し、このオーラを持った人は、身体的にとても強い性質、心、意思がありますが、同時にやや物質的な生活を望んでいます。とても暖かく、愛情深く、愛と勇気で満たされている方が多いです。

＊＊

オレンジ色は活力を表現します。それは太陽の力を表し、ヨガ行者には魂の力と呼ばれており、強いオレンジ色のオーラは、活動的で行動派の性格を表しています。オレンジ色のオーラをもった人々は、通常とても精力的な人で、周囲の人々をその力によって支配しようとします。彼らは責任のある立場につくために生まれ、人に仕えることよりも指導するほうが適しているようです。

＊＊

黄色は思考と精神の集中を象徴し、健康と精神的な活動を押し進めます。知性と結びつく色でもあり、光を意味し、太陽を示しています。そして、明るい黄金色は霊性を示し、しばしば宗教的な儀式に使用され、金色の器と黄色の衣装はよく見かけます。

黄色のバラは最も役立ち、心配事などを一掃してくれる力を持っています。

＊＊

緑の目や緑のオーラを持った人々は、嫉妬深いと言われますが、全体的には個性を表すいい色です。緑は個人の成長を司《つかさど》り、人生で安定した成功を達成した人々のオーラの中に緑の色合いが見られます。黄色のように緑も我々の精神力を左右します。緑は用途が広く、思慮深く融通がきます。

＊＊

青は霊感を表します。非常に霊的な色ですが、その色が深くなればなるほど賢明で気高い人が多いようです。量の多い青のオーラは、調和がとれており、芸術的、精神的な理解を意味しています。それは月と女性の局面とが結びついた波動であり、独立と力量を示しています。

＊＊

藍《あい》色のオーラは、高度の官能性と誠実さを示しています。

＊＊

紫色のオーラは稀にしか見られず、これも高度の霊的な色と言われ、精神性の高さを表しています。そして、紫色は崇高さと真価を表す高貴な色として、昔から皇族の色などに使われています。

では、中間色についてお話しましょう。

▼△

まず、白でも黒でもないグレーについてです。この色は想像力の欠如と偏見を示しますが、集中力と忍耐に結びつくこともあります。グレーの色を持った人は、物事に固執する傾向が見られ、こつこつ働くタイプか、人に頼らず一匹狼的な方が多いです。

▼△

私の経験では、人のオーラの中に黒を視たことはありません。歴史的に見ても黒は邪悪な行為を示す色なので、私が今まで会った人々は基本的に善人なのだと思います。

▼△

古代の哲学者はピンクを神秘的な色と見なしましたが、私は、静寂で控えめな性格を示す色だと思っています。ピンク色のオーラを持った人で、独断的な性格の方はほとんどおらず、静かな生活と芸術的な美しい環境を好む人が多いです。

▼△

銀のオーラは活発で移り気を示し、少し信頼に欠ける場合があります。多才な方が多いのですが、道楽半分で物事に取り組むので、成功に結びつく人は少ないようです。そして、水銀のように決してじっとしておらず、落ち着きがない方が多いです。

▼△

茶色のオーラは、物事をまとめる能力があり、実業家や組織の上司に向いています。この色を持っている人は、感情的な行動に走る方は少ないです。彼らは整然としていますが、権力と金銭のためには意欲的で、とても忍耐強いです。

これらは色の印象を簡単に述べただけです。実際には多くの色が混じりあっているので、本来はもっと複雑なものなのですが、基本の色は、人々の個性を表していると思います。

病人のオーラの色を観察することが、診察にとても役立つので、ヒーリングの際に活用しています。しかし、シッティングには必要がないようです。

以上が、単純化した私のオーラカラーの診断です。異議を唱える方もいると思いますが、私が視て感じたままを説明しています。

ほとんどの人は、老衰か病気で亡くなります。死期を悟り、覚悟して霊界へ帰るので、こちらの世界との通信にはあまり重きを置きません。反対に、事件や事故、あるいは短命で亡くなった方からのメッセージが届くと、観客の間に緊張感が走ります。

マーゲートでは、若い男性が客席にいる彼の母親にメッセージを届けに現れました。何かが落ちたか、ぶつかったような感覚を伝えると、母親は、彼がオートバイと車が衝突した事故で亡くなったと、話してくれました。

〈彼は空中に放り出されましたね。そのとき二十三歳でしたか？〉

「いいえ、二十歳でした」

その青年は、母親の背中について、〈ときが来ればよくなる〉とメッセージを送り、ミックという名の男性宛には、

〈彼に、ここはそんなに悪いところではないし、ぼくは大丈夫だから〉

と伝えるように言いました。

よくあることですが、特定の一人と話していると、その隣りの人や近くの方々までデモンストレーションをしてしまうのです。このときは、私が話しをしていた母親の隣りの男性宛に、メッセージが届きましたが、私には、偶然隣りに座っていたのか、それとも何か関係があったのか、見当がつきませんでした。

〈金属関係のお仕事をされていますか?〉

「はい」とその男性は答えました。

ミーディアム(霊能者)であった彼の母親からの伝言で、

〈お母さまは、あなたの首の周りに何か掛けたがっています〉

すると男性は笑いながら「多分、ロープじゃないですか」と答えると、観客も一緒になって笑いました。

〈ネクタイのようですね。ああ、そうです。一本出して、仕舞いました〉

「そうです。今朝《けさ》早くのことです」と男性は答えました。

ほとんどの方は、多くの男性がネクタイを絞めるときに、色々と選ぶのがあたり前だと感じているでしょう。しかし、この母親が首に何かを掛けようとしたことは確かなのです。

この特別なメッセージは、母親がミーディアム(霊能者)だったことを息子に知らせることだったとわかりました。

〈私は、息子に幸せになってもらいたくて戻ってきているのです〉と彼女は伝えてきました。〈三年前に病院に行きましたね。危険な状態でしたが、お母さまが手助けしてくれました。あなたはまだ来てはいけないそうです〉と私は伝えました。

次の晩、ブリストルでは、事故で亡くなった別の男性が現れました。彼もまた母親にメッセージがあり、面白いことにマーゲートでの青年の母親に言ったように、

〈二十三歳ですか?〉とまた聞いてしまいました。

どうやら一年ずれたらしく、その男性は二十四歳で亡くなっていました。

〈息子さんは、あなたに連絡を取ろうとしましたが、上手くいかなかったそうです。何かにぶつかりましたね。車だと思います。彼が、ロードローラーのようにぶつかったと言っています。何がぶつかったのですか?〉

「運送用のワゴン車です」と母親は答えました。

〈息子さんは歩いていましたか?〉

「あの子はヒッチハイクをしていたのです」

〈あなたから何度も何度もそれをしないように注意されていたと言っています〉

「はい、でも毎回あの子はやっていました」

〈道路の脇に寝かされたと言っています。そして、頭の下に何かを挟みましたね。数分後には終

わっていました。あなたは病院に行き彼を目にするとキスをして、生きていると言いました。息子さんは、大丈夫なので心配しないように伝えています〉

それから、彼女に娘さんが二人いるか尋ねると、それは事実であり、妹さんらにお兄さんからの親愛を伝えてほしいと言いました。

〈息子さんの写真をいつもバッグに入れて、今もそれをお持ちですね〉

「はい、持っています」と彼女は答えました。

〈写真を引き伸ばして、部屋に入ったときに真っ先に会えるように飾ってありますね。彼は、あなたのことを『かわいい』とよく言っていましたね〉

「はい。そうです」

〈お母さん、今も変わらずかわいいよ、と言っています〉

私が事実を意図的に創作すれば、もっとドラマチックになるとは思いますが、そのつもりは一切ありません。それに、実際に私がデモンストレーションを行なっているときには、周囲の状態が何もわからなくなるか、ぼうっとしているので、自分の意思を入れることはできません。

息子さんからの感動的なメッセージを受け取り、お母さまが涙を流すことは珍しくなく、観客の皆さんとも、その気持ちをわかち合うので、恥ずかしいことは何もないのです。

その母親が落ち着いたのを見計らい、私は続けました。

〈息子さんは、『パット』と言っています。パットとはどなたですか?〉

「私です」と母親が言いました。

〈『パットの足はかわいいのだから、こんなにひどい長靴は履かないで』と言っています〉

このメッセージは緊張を解きほぐしてくれました。

〈あなたは、指先を使ったお仕事をしていますか？〉と彼女に尋ねると、

「はい、フィッシュ・アンド・チップスを作っています」

〈だから、長靴を履いているのですね。その仕事を辞めることを考えていますね。大丈夫、辞めることができます。息子さんが、心配しないように言っています。彼らが手助けをしていますから、流れに従ってください〉

霊界の愛する人々から〈手助けをしている。助けるから〉などの言葉が伝わってきたときには、私は必ず一呼吸を置いてから言葉に出すようにしています。私たちの誰一人として孤独な者はいないはずです。

次に彼は、オートバイに乗っていて近所に住んでいたグラハムと、アランという友人らについて話し、それから若者らしからぬことを言ってきました。

〈『メアリー、意固地なメアリー、庭はどうなっているかな』と言っています。何か心当たりはございますか？〉

「いいえ、わかりません」と彼女は言います。

〈彼は、絶対にわかるはずだと言っています。あなたは、お花がお好きですよね。お庭には何か

問題がありましたか？〉

「私は、庭いじりは一度もしたことがありませんが、主人はしています」と彼女は答えました。

〈お父さんを手伝うようにと言っています。お父さまはここにはいらしてますか？〉

「はい、います」

〈お父さんからボブによろしく伝えてくれるように言っています。ボブとはどなたのことでしょう？〉

「あの子の友だちです」と父親は答えました。

〈背中に少し問題がありますね〉と私はその父親に伝え、

〈お母さまが、庭いじりを少しも手伝わないことが原因ですね。息子さんは、あなたが髪の毛の悩みを抱えている、と伝えています〉

「はい、そうです」

最後に彼は両親に、

〈嬉しいことに、ぼくは初めてこちらの世界に戻れました。これだけは言っておくね。ぼ、ぼくは死んではいない、いいい、いないから〉と、とても面白いメッセージを残しました。

ペイントンでは、交通事故で亡くなった少女が私のもとへ現れました。

彼女はメイシーとビッキーという名の二人の女の子について話をし、

〈『私たちは三人で一緒にいたのです。それから、私が道路を横切って走りだし、メイシーとビッキーは叫び声をあげました』と言っています〉

するとと客席にいた一人の女性が手をあげ、ビッキーは自分だと言いました。

〈私は即死ではなく病院に連れていかれ、そこで息を引き取りました〉

「そのとおりです」とビッキーは言いました。

〈学校には胸のとても大きな先生がいて、その先生は琥珀の黄色のビーズの紐をぶら下げ、歩くたびにそれをゆらゆらさせ、まるで巡査部長のようでした。彼女はあなたにわかってもらうために、わざわざこの先生について話しています。

今度は、あなたがビッキーでないと言っています。あなたはビクトリアですね〉

「はい、正解です」

〈彼女は面白がって、あなたをビクトリア女王とよく呼んでいましたね。彼女と知り合ってしばらくすると、あなたは眼鏡をかけましたね。彼女はこちらに戻れたことを、とても喜んでいます。よいお友だちだったのですね。ビクトリア、耳を傾けてくれてとても感謝している、と彼女が言っています〉

このメッセージは友だち同士の会話のようですが、友だちにわかってもらえるように、細かな気遣いを感じさせるものでした。

次のメッセージは、霊界の幼子があちら側から私たちの手助けをし、地球上での関係よりも、より親密な結びつきができていることを証明しているものです。

アールでの講演で、自動車に轢《ひ》かれて亡くなった幼い男の子が現れました。正確な関係はわかりませんが、一人の女性が客席にいました。

私は彼女に、この二年間の苦労を、その男の子が助けてくれていることを伝えました。この子は突然死をした男性と一緒でした。

〈この男性はあなたのおじいさんですね。彼は、辛抱すれば変わっていくから、と伝えてきています〉と女性に伝えました。

〈お子さんは三人いますか？〉

「はい、います」と女性は答え、

〈その中の一人に手を焼いていますね〉

「はい。そのとおりです」

〈躾《しつけ》をきちんとすれば家ではもっとよくなる、と彼は言っています〉

幼い男の子がその女性の息子だとすると、一緒の男性は生前には会っていない、ひいおじいさんでしょう。

プレストンでは、男性が客席の母親と妹宛のメッセージを持って現れましたが、とくに妹さん

に連絡を取りたかったようで、

〈ぼくは妹を助けるためにやって来ました。彼女はとても苦労しています〉と言い、彼女が前の年に双子の男の子と小さな女の子を手放したことも伝えてきました。

〈離婚をされたのですか？〉と彼女に尋ねると、

「いいえ、していません」

〈別居ですか？〉と続けると
「はい。そうです」

〈同じことですね。きちんと片がつけばよい方向へ進むでしょう。ところで、腕にケガをされていますか？〉

「はい、道路で事故に遭い、傷つけました」

〈そのとき、お兄さんも一緒でしたね。『妹は助かり、ぼくは消されてしまった』とお兄さんは言っていますよ。あなたは落ち込み過ぎているとも言っています。自身を立ち直らせて嵐を乗り切ってください。ご主人のことは心配しないで。この方は忠実ではないですね。失って泣くほどの価値はない人ですね。『君を助け、勇気を与えるために戻ってきた』とお兄さんは言っています〉

何百というメッセージには、〈手助けをする〉というテーマが繰り返されています。

次の晩、ゲーツヘッドの講演で二つの例がありました。

まず初めに十九歳の青年が現れると、客席の妹さんのところへ導かれました。

〈胸を強打した感触があり、痛みを感じます。彼は何とぶつかったのかしら？〉

「トラックです。兄はランニングをしていました」と妹さんは答えてくれました。

〈ええ、今度は何かとても重いものを感じます。完璧につぶされました。彼は『お母さんに会いたいです』と言っています〉

「私が、母の代理としてこの会場にやってきました。母は今入院中です」

と彼女は言いました。

〈手術を受けているのですか？〉

「いいえ、神経が衰弱しました。母は、兄が亡くなったときの遺品を私に持たせてくれました」

〈亡くなってから二ヶ月しか経っていませんね。十九歳の誕生日の二週間前のことで、三時、一時、と話しています〉

「それは、兄が亡くなった時間です」

〈お兄さんは、元気にいることをお母さまに伝えてほしいそうです〉

「その事故が原因で、母は入院しています」

〈デイビッドとリチャードについて話しています。自分が元気なことをわかってほしい、と伝えています。お母さまはショックのあまり入院していますが、すぐに元気になるでしょう。そして、お母さまに誰も責めないように、と言っています。それから『ぼくが悪かったのです。渡ろうと

したときにトラックが来ました。母に、祈りは通じている、と言ってください』との伝言です〉

その後の交信で、彼は別の一件で殺害された青年を連れてきました。

これは、霊界でも地球と同じように友人が作れることを示しています。

そして、この青年を息子だと認めた女性に、

〈少し前にお亡くなりになりましたね〉と私が言うと、

「はい、十八ヶ月前です」

〈彼は、とても無謀なことをしたと言っています。賭けをしたそうです。息子さんは何歳でしたか?〉

「二十三歳でした」

〈車がほしかったそうです〉

「ですが、運転はしていませんでした」

〈ほかに二人が一緒にいましたね〉

「はい」

〈彼は、浮かれていて遊ぶことしか考えていなかった、と言っています。この青年はとても大胆でしたね。それから、お母さんがこの二年間とてもつらい思いをしたので力を貸したかった、と言っています。妹さんにもよろしく伝えてほしいそうです〉

「ポーリーンのことです。彼女はここに一緒に来ています」

〈彼はポーラと呼んでいましたか？〉

「はい。娘はその呼び名が嫌いで、息子だけが唯一そう呼んでいました」と母親が答えると、観客から笑いが起こりました。

〈では、ポーリーンと話しをさせてください。お兄さんがからかったけれども悪気はなかった。君のことがかわいくて、最高の妹だったよ、と言っています。涙はなしだと伝えています。まあ、お兄さんが亡くなってから、一度彼が現れ、お話をしていますね〉

「はい、事実です。私の息子の部屋で兄の気配を感じました」

〈出し抜けにお兄さんに遭遇し、信じられなくて、お母さまに話しましたね。『ぼくが大丈夫なことをお母さんに伝えてもらいたくて、もっと近づこうとしました』お兄さんはそんなふうに言っていますよ〉


ダービィでは、八歳の男の子が現れバルコニーの女性のところへ行きました。

その子は、亡夫の兄弟で、その女性のおじであるビルに連れてこられたと言いました。

私は、男の子に洋服を引っ張られたので、

〈この少年はどのように亡くなりましたか？　とてもひどい事故のようですが〉と女性に尋ねると、

「列車に轢かれました」と女性が答えたので、引っ張られていた理由がわかりました。

〈彼は横断禁止の線路の上にいましたね。『ぼくはとてもいたずらっ子で、そこが大好きだったよ』と言っています〉

列車が好きで好きでたまらず、それに引きずられて逝《い》ってしまいました。列車が来ても絶対に大丈夫だと思っていたのですが、その列車にぶつかり、その上、単に撥《は》ねられただけではありませんでした。

〈まあ、体が半分に切れた感覚があります〉

「はい、そうです」と女性は言いました。

〈『母はぼくが死んではいないことを信じていません。ぼくは母のお気に入りだったから、立ち直れないのです。弟も成長していますが、いまだにお兄ちゃんが生きていれば、と言い続けています。ぼくがあまりにも無謀で、母を悲しませ、苦しめたことを許してくれるように伝えてくれますか』〉と少年は締めくくりました。

さらに、シェフィールドでは、殺された十三歳の男の子が私の前に現れました。

男の子の母親は死後の世界を信じていないので、代わりに叔母のところへ現れたのです。

〈彼は道路に飛び出しましたね〉

「はい、本当です」とその叔母は認めました。

〈小さい自転車は持っていましたか？〉

「はい」

〈彼は自転車を乗り捨てて、道路に飛び出しました〉

「そうです」

〈お母さんは、埋葬する前に彼の髪の毛を少し切っていますね〉

「ええ、そうです」

〈『ママと妹に、ぼくは大丈夫だからと伝えてください』と言っています〉


バーミンガムでは、三歳の少女が母親に会いに来ました。そして、母親には二人目の赤ん坊がいたと、この子は言ったのです。

「はい、子どもは二人いました。でも同じ時期ではありません」と女性は言いました。

〈しかし、お二人とも亡くされていますね〉

〈はい、そうです〉

この後、彼女の祖母が現れて、霊界で彼女の子どもたちを預かっていると語りました。


ハーロウでは、二歳の赤ん坊が現れ、客席の叔母さんのところへ導きました。

〈男の子がいます。溺死されたようで、水に襲われている感覚です。まだ幼いお子さんですね〉

「たった二歳でした」とその叔母は答えました。

〈三人の子どもたちと一緒でしたね〉

「ええ、私の二人の娘と、あの子の姉がいました」

〈なぜだか、まだ水を感じます。でも海ではないですね〉

「はい、真水です。スイミングプールでのことでした」

〈この子は懸命に生きようとしましたが、沈んでしまいました。落ちたのですか？〉

「それが、わからないのです。誰かに押されたのか、そうでないのか、いまだに不明です」

〈服は着たままでしたね〉

「はい、そうでした」

〈ここには、小さなズボンとシャツを着て現れているようです〉

「そのとおりです」

〈このお子さんは、ぼくは何もしていない、いたずらはしなかった、と言っています〉

「そうです。とてもいい子でした」と叔母は同意しました。

〈ローズとは、どなたですか？〉

「あの子の姉です」

〈ええ、ローズ、あるいはロージーによろしく言ってほしいそうです。それから、アン、またはパムについて話しています〉

「あの子の母親です。私の妹のパムです」

〈お子さんは、お母さんは何も信じていないから、ぼくが戻って来たことを伝えてくれますか？と言っています〉

その子どもは、三月《さんがつ》について話し始めたので、

〈お母さんにとって三月はとても大事なときだと言っています〉

叔母は、三月には子どもの父親の誕生日がある他は、何も思い当たるものはない、と言われました。

〈お父さんには少し問題がありますね〉

「はい、ちょうど手術を受けました」

〈この子は『ぼくが一生懸命にパパを助けているから、とママに言ってください』と言っています〉

このように幼くして逝った魂でさえ、私たちを助けようとし、成長し、地球上ではありえなかった会話が成り立つのです。

〈お父さまは、まだ回復はされていませんが、よくなるでしょう〉

それから、突然、その子さんのおばあさんが現れました。

〈まあ、おばあさんがいらしたわ〉

「私の母親でしょう」とその叔母は答えました。

〈お子さんが、おばあちゃんに連れてきてもらった、と言っています。さて、アーサーとはどな

たでしょうか？　お母さまはアーサーについてお話されています〉

しかし、回答はありませんでした。

〈霊界でお母さまが会った方で、親戚ではありません。あなたの少女時代を思い出してください。お母さまが立ち並んだ家々を見せています。スタンレー・アヴェニューか、スタンレー・ストリート、あるいはスタンレー・グローブに心当たりはありますか？〉

「昔、私たちが住んでいた場所です」と女性は言いました。

〈あなたが少女時代に住んでいた場所だと、お母さまは言っています〉

「ええ、そうです」

〈彼女がスリー・セブン（37）と言ったようですが……〉

反応はありませんでした。

〈セブン・スリー（73）でしたか？〉と尋ねると、

「私たちが住んでいた場所にあったお店の名前です」

〈お母さまは、繰り返しこれを言っています。なんで八百屋さんの話をするのかしら？〉

テープにはっきりは録音されていませんが、八百屋さんに関する回答がありました。

次に、

〈なぜ、トテナムについて話をされているのですか？〉と尋ねると、

「母の出身地です」

〈お母さまは私が戻り、家族の結束が強まることがとても嬉しい、と言っています〉

結局、アーサーが誰なのかはわかりませんでしたが、女性の母親と親しい間柄だということは確かでした。


さらに、オックスフォードで、二歳の赤ん坊が現れました。この女の子は海ではなく、川で溺死しているようで、客席の成人した妹のもとへ導き、

〈この子は、そこには五人が一緒にいた、と言っています〉

「はい、そうです」とその女性は答えました。

〈木片を探しに行き、それを取ろうとして落ちました。そのとき、男の子が彼女を助けようとしたのですが、流されてしまい、多分三日後に発見されました〉

「いいえ、三時です」

〈あら、そうだわ。亡くなったお母さまが、この子の手をつないで現れました。お母さんがそこにいたら、こんなことにはならなかったのに、とこの子は言っています〉


このテープを聞き返してみると、事故で亡くなり私のもとへ現れた人々のうち、多くの方が若くして亡くなっています。赤ん坊や幼子も多く、二十代前半より年上の方は稀でした。多分これらの子どもたちは交信する必要性を感じ、幼子を亡くして傷ついている親御さんに、やすらぎと

安心が必要なことをわかっているのでしょう。

オックスフォードで同じ晩に起きた、もう一つの例をお伝えします。

そこでは赤ん坊ではありませんが、とても若い子が現れました。

〈女の子が来ています。彼女は三年前に突然亡くなっており、お母さまとお話をしたいようです〉

すると、客席の母親らしき女性のもとへ導かれました。

〈事故でしたか？〉と尋ねると、

「はい、そうです」

〈二人倒されましたが、彼女だけが殺されましたね〉

「はい」

〈ジェーンとは、どなたですか？〉

「私の妹です」

〈ジェーンが好きだったようで、よろしく伝えてくれるように言っています〉

そして、母親には、娘さんが短い間は息があったことを伝えました。皆、彼女を救おうと懸命に努力し、お母さんは彼女の傍《かたわら》を離れようとしませんでした。

〈しかし、この子にも、皆さんにも助からないことがわかっていました〉

「はい、七週間、意識不明でした」と母親は言いました。

これは、私が言ったような短い間ではありませんが、娘さんはそう語ったのです。

〈この子は意識不明でしたが、お母さんが傍にいたのはわかっていましたよ〉と母親に伝えました。

〈十九歳でしたか?〉

「あの子の十七歳の誕生日に起こったのです。でも、生きていれば今は十九歳です」

〈横断中だったと彼女は言い、それから、何か芝生について語っています〉

「あの子は舗装された道を走っていました」

〈道路わきに横たえてくれた、と彼女は言っています。警官がコートを丸めて彼女の頭の下へ入れてくれ、その後に彼女は意識不明になっています〉

その少女は、

〈私の心臓が止まる三日前には、私の魂は肉体から抜けていました。私はベッドの上にいて、お母さんたちを見ていました。お母さんのほかに男の人と女の人がいました〉

と、奇妙なことを語りました。

その少女が見た二人は彼女の両親でしたが、もう一人の女性が誰なのかを尋ねることはしませんでした。それは、必ずしも親しい間柄とは限らず、友人か看護師さんかもしれません。

そして、少女は大好きだったお父さんにメッセージを伝えてきました。お父さんはお金儲けが上手だったと彼女は言い、

〈私はお金を借りたまま亡くなったので、返せなくてごめんなさい。でも、とても感謝しています〉

# Chapter 8　死は新たなる始まり

これまでの章で、事故などで短い人生を終えた人々が、愛する家族へ交信する様子を説明しましたが、彼らよりもさらに強く交信を求めてくるのは、自ら命を絶《た》った人たちです。彼らは自らがとった行為の説明をし、残してきたさまざまな問題について謝罪をします。

たとえば、一人の中国人の女性が現れたときは、やり残してきたある企画についてのメッセージを客席のチョウ氏に語りました。その内容は完璧で、彼女はすべてを理解していました。

次に、バクストンでは寝室の外で首を吊《つ》って自殺をした男性が現れ、客席のご家族のもとへ歩みました。

ワージングでは、客席の男性のもとへ自殺をした義理の母親が現れ、彼に一緒に住んでいる恋人と結婚すれば、前妻は離れてくれると伝え、この正確さには大変驚きました。

ある一ヶ月間の講演では自殺した方が十六人も現れました。また、それ以前のツアーでは自殺のケースが四件、新聞に記事として報道されました。十六人という数は病死や事故死よりも少ないのですが、亡くなった方の全体の数からすると、大変高い確率だと思います。やはり、残してきた家族や友人に伝えたい気持ちが強いのです。

次に南ロンドンのウインブルドンで起きた、珍しいダブルの交信を紹介いたします。

私の著作権代理人がその晩の司会を務めてくれたので、何が起こったか、彼の個人的な印象を踏まえてお伝えいたします。

＊　＊

まず、自殺をした二人が、私を通して観客に交信をしようと同時に現れました。

以下は、代理人の感想です。


「すべてのメッセージはとても劇的で、どれもが笑いと涙にあふれています。ドリスは、とてもおかしかったと思うと、次の瞬間はとても劇的なことを言うこともあります。感情的な部分と現実的な助言とが、不思議と溶け合っているのです。

彼女は、前向きな伝言があるときは、いたずらっ子をしかっている校長先生のように強くなり、慰めのメッセージがある場合は、とても思いやりのあるやさしい女性に切り替わります。ドリスはとても大きく、威厳があり、ときには手に負えない場合もありますが、これは本当のドリスの姿ではありません。デモンストレーションの最中には、彼女のからだには別なものが入っているからです。素のドリスはとても現実的で、物静かで、思いやりのある女性です。

ドリス・コリンズの舞台は『人々の浄化のとき』となりますが、ドリスは女優ではありません。

今ではプロのように思われがちですが、本質的にはアマチュアのままで、彼女を変えようとすることは、今の成功を台無しにしてしまうと確信しています。彼女は自然体のまま舞台に上がり、決して舞台を演出することはありません。

私には、多くの機会で彼女の仕事を見てきたという自負があります。

彼女はマジシャンではありませんが、観客たちの心を素早くつかむテクニックをもっています。それは、もちろん人々を欺《あざむ》く行為などではありません。

彼女は完璧にメッセージを受け取るわけではなく、たとえば、ロンという名前をドンと聞くこともあれば、伝えたことが理解されずに誤解を受けることもありますが、ほとんど要点をつきます。結局、ドリスの仕事は、我々が論じることができない事実の中にあるようです。

一方で、どんなに公正な人でも彼女の講演を観た後には、心を開かずにはいられないと思います。彼女の純粋な講演が与える影響は、驚くべきものがあるからです。

私が、ウインブルドン劇場でドリスの講演の司会を務めたときに、自殺をした二人が彼女を取り合いするのを目撃しました。

ドリスは誰かが首にコードを巻くのを感じ、それを取ろうともがきました。

ドリスは、〈おやおや、首を吊った方がここにいらしていますね。彼は私の首に何かを括《くく》り付けようとしています〉と言ったのです。このように、亡くなった方法を伝えてくる魂は、よくあることだと私は理解しています。それから、彼女は舞台の上でよろめきながら自分の首をつかんで、〈息ができなくて、ガスの匂いもします。この方は首を吊ったと思いましたが、オーブンに頭を入れたかもしれません〉と言いました。

数分後にドリスの状態が正常に戻り、すべては明らかになりました。最初の男性は客席にいる彼の奥さんのもとに、ガス自殺をした女性は家族のもとに、同時に現れたのでした。二人とも緊急性を感じていたので、ドリスの取り合いをしたのです。

ですが、ドリスは見事にその状況を取りまとめました。

まず彼らの自殺をした状況を順番に説明しました。

〈ぼくはもう人生を直視することができなかった〉と男性の弁を伝え、〈私は、自殺すると言っていたのに、あなたは信じてくれなかった〉と女性の言葉を伝えました。二人とも客席の家族に語っており、彼らが引き起こした悲劇の理解と許しを得ようとしていました。この同時進行の交信は、とても劇的なもので、私の経験上、最も心を動かされた一つでした。

その次の伝言は、若い娘さんの結婚相手を二人の恋人からどちらを選ぶか、というものだったので、少し気が楽になりました」

＊　＊

以上は、私の代理人の記憶をたどって書き綴りました。

ウインブルドンでのメッセージのように、自ら命を絶った人々からの伝言は、ほとんどが、その説明と謝罪でした。

典型的な例は、マーゲート講演でありました。ガス自殺をした男性が、客席の義理の妹さんのもとへ現れ、とても落ち込んだ様子で、

〈命を絶つしかなかったのです〉と言い、義理の妹さんに、彼の奥さん宛に伝言を依頼しました。〈ぼくはこのような騒動を起こしたが、今、彼女は幸せで、ぼくの祈りも通じているでしょう。立ち直ってくれて本当に嬉しいと、彼女に伝えてください。ぼくの写真を今でも持っていて、時々思い出してくれます。彼女のためにこれしか方法がなかったのです。本当に彼女を愛していました〉と男性は語りました。

ブリストルでは、非常に感情的なメッセージを受け取りました。

客席の女性に、あなた宛に現れている人がいることを伝え、

〈あちらの世界の彼女が、私に水を寄こすので、窒息している感覚になります〉と私が言うと、

「それは、私の姉です。薬を飲んだのです」と女性は答えました。

〈二回目に薬を大量に飲んだときに、亡くなりましたね〉

「はい。そうです」

〈お子さんはいましたか？〉

「ええ、おりました」

〈彼女はその赤ん坊について話しています。とても若いころに授かりましたね〉

「その子は亡くなっています」

〈そのとき、彼女は結婚をしていませんね。今では、その赤ん坊と一緒にいます〉

「まあ、ありがとうございます」と女性は言いました。

〈お母さまとお話がしたいようです〉

「母は、オーストラリアで休暇中です」

〈六週間、留守にしていますね〉

「いいえ、三週間です」

〈お母さまは六週間の滞在予定ですか？〉

「いいえ、八週間です」

〈彼女は私に六週間と言い続けています〉

「母は、姉が亡くなった後に六週間オーストラリアへ行きました」

〈わかりました。ご親戚を訪ねましたね〉

「はい、そうです」

〈お母さまは、ご自身を責め続けていたので、遠くに行く必要がありました。でも、お母さまに

は何の責任もありません。彼が原因ですね。お姉さんが話されている男性はどなたのことでしょう？〉

「姉の婚約者です」

〈お母さまの話をもっと聞いていれば、自ら命を絶つことはなかった。彼女には対処できず、お金がまったくなかったようですね。『もう、どうしていいかわかりませんでした。でも、今は馬鹿なことをしたと、後悔しています』と彼女は言っています。彼は、あなたにもお母さまにも彼女の遺品を一つもよこしませんでしたね。お母さまは渡すように主張しましたね〉

「はい、そうです」

〈しかし、お金になるようなものは何一つありませんでしたね〉

「はい、本当です」

〈彼女は最後に、失敗だった、と言っています。お母さまは、最悪の事態になるから、彼とだけは絶対に付き合わないようにと、言い続けていましたね。しかし、その助言を聞かなかったと、彼女は言っています〉

「ええ、まったく耳を傾けませんでした」

〈『ママに、許してと伝えてください。でも、何とかしてママと交信ができるように努力してみます』と言っています。彼女は、妹のあなたのほうがよっぽど大人だった、と言っています〉

「それは、姉がいつも言っていたことです」

〈お姉さまは、『あなたのほうがよっぽど悟っているから、絶対に私のように馬鹿なことはしないわ。私が悪い見本だからね』と言っています〉

「はい、わかりました」

〈彼女はあなたに、同じ間違いは起こさないように強く言っています〉

その二日後に、アウステルでの講演に参加した、ファルマスに在住の女性から手紙を受け取りました。私は何百通もの手紙を受け取りますが、この方はシッティングとヒーリングの実演を今まで見たことがなく、その反応がとても興味深かったので、代表して引用させていただきます。

「このようなすばらしい才能を持った方に、初めてお会いしました。あのようなことを目にし、とても感銘を受けました。あなたは、何をされたか覚えてないと思いますが、このショー（他に呼び名が浮かばず、失礼いたします）に、銃で自殺をした若者との交信や、舞台上に呼ばれた関節炎の年配の女性の一件にはとても驚きました。ステージに上る際は、杖をつき、娘さんが介助をされていて、人の手助けなしでは歩けなかったのに、帰りは、まるで五歳児のように舞台を降りたのです」

この手紙の主は、頭を撃って自殺をした若者の件が、とても印象深かったらしく、手紙にその詳細を書いていました。

以下は、そのときの若者との交信を私のテープより再現しました。

私はその青年に、客席にいた青年の叔母へと導かれました。

〈銃殺された青年が来ています。戦争のようですが、制服は着ていません。頭に玉が当たったようです。とても若い男性です。二十二歳でしたか？〉

「いいえ、十七歳でした」と婦人は答えました。

〈彼は事故だった、と言い続けています〉

「いいえ、違います」

〈私は、彼が伝えていることだけを言っています。でも、以前にも自殺を試みていますね〉

「いいえ」

〈あなたのお隣りの男性はご一緒の方ですか？〉

「はい、連れの者です」

そこで、その男性に伺いましたが、自殺未遂の件はまったく覚えがありませんでした。しかし、この伝言はとてもはっきりと聴こえました。

〈彼は死にきれなかった、と言っています。ひどいうつ病になりましたが、銃など持つべきではなかった、とも言っています〉

「それは事実です」とその男性は答えました。

〈不正な経路で銃を入手したと言っています〉

「はい、本当です」

〈彼は銃を盗みましたね！〉と私は叫びました。

「実際には盗んだわけではありません」

〈いいえ、他人の銃を手に入れた訳だから、盗んだと同じことですね〉と私は反論しました。

「ええ、そうです」

〈彼は、心のつかえを吐き出すために盗んだ、と言っています。そして書き残したメモについて話し続けています」

「はい」

〈メモを残しました。伝言かもしれません。この件に心当たりはありますか？〉

「はい、あります」

〈あら、もの凄い頭痛がします〉と私は言うと、青年は、二日間の出来事について話し出しました。

〈彼が発見されるまで、二日かかりましたか？〉

「いいえ」

〈遺体が発見されるまで、どれくらいかかりましたか？〉

「同じ日の晩に見つかりました」

〈彼は、二日間と言っています。銃を二日間持っていましたか？〉

「いいえ、そんなことはないです」

〈彼は確かに二日間と言っています。今度は、お父さまについて話しています。お父さまは生きていますね〉

「はい、います」

〈お父さまと何か問題がありましたか？〉

「母親から引き離されました」と婦人は言い、少年の両親は別居か離婚をしたことを告げました。

〈彼は『二日間悩み続けました』と言っているのです。彼はお父さまと同居していましたか？〉

「いいえ、でも父親とは確執があったようです」

〈二日前に大喧嘩をしたと言っています。彼は少女とひどい口論をしたと言っています。何で、その少女のことを話しているのかしら？〉

「口論をしたからでしょう」

〈その少女との関係は、彼の望みどおりにはいかなかったようです〉

「そうです」

〈私の話していることがおわかりになりますか？　彼は大きな問題を抱えていたようですね〉

「はい、その少女にはもう一人付き合っていた男性がいました」

〈この時点で録音状態が不明瞭になり、少々間違った受け答えがあったかしれませんが、お許し

ください〉

〈切れ切れに伝えてくるので聴き取りにくいですが、ノートか伝言を残していますね〉

「はい、あの子の弟に伝言を残しています」

〈そう、それです。でもお母さま宛ではないですね〉

「弟が休みをとるので、そのときのお小遣いを渡すように書いてありました」と婦人は答え、彼女の妹がそのメモを発見したことも付け加えました。

〈なんて奇妙なのでしょう。彼が自殺をした理由はおわかりになりますか？〉

「あの子は恐れていました」

〈何を恐れていたのですか？〉

「あの子は他の少年をナイフで脅しました」

〈でも、危険な目にはあわせていませんね〉

「はい、それほど大事にはいたりませんでした」

〈彼は『そのこととまったく関係はないです』と言っています〉

「わかりました」

〈彼は、『ぼくは向こう見ずで、思いどおりに生きてきました。ただそれだけです』と伝えてきますが、不良ではなかったと言っています。『ぼくは喧嘩や口論をしましたが、その青年には悪さはしていません』〉

「まあ」と彼女は納得しました。

〈彼は、何も関係がなかったと言っています。『ぼくはこの口論が、何の価値があるのだろうと感じました』と言っています。その銃は誰のものでしたか？〉、

「あの子の異母兄弟のものでした」

〈お母さまは再婚されたのですか？〉

「いいえ、していません」

〈彼が、もう一つのご家庭について話しているので、伺ったのです〉

「ああ、はい。もう一つのですね。彼女は二回結婚していましたから」

〈お母さまは別の男性と住んでいるか、お付き合いをしていますね〉

「いいえ、そんなことはないです」

〈どなたか、この件に関してご存知の方はいらっしゃいますか？　彼はお母さまについて話していて、そこにはもう一人別の男性がいます〉

しかし、誰からの返事もありませんでした。

〈これは確かなことです。あなたのお隣りの青年とは、どのようなご関係ですか？〉

「私の息子です」

私はその息子さんに、

〈私の言っていることが理解できますか？〉と尋ねてみました。

「なんとなくわかります」と息子さんは答えてくれました。

〈事故で亡くなったこの青年はわかってもらえず、とてもがっかりしています。彼のお母さまについて何かご存知ですか？〉

「はい、知っています」と息子さんは答えてくれました。

〈彼は、お母さまに連絡を取りたいのですが、何か問題がありためらっています。お母さまには別な男性がいますね〉

「はい、います」とその息子さんは答えてくれました。先ほど、同じ質問を息子さんの母親に否定されたので、とても不思議に思いました。

〈確かにいるのですね〉

「はい、そう思います」

〈では、私が話している内容がおわかりですね〉

「はい、わかります」

〈でも、あなたのお母さまはご存知ないのですか？〉

「ええ、知りません」

私はため息まじりに安堵しました。

〈これで安心しました。『早くして、早くして、ぼくは母に話す必要があるのです』と言っています。彼のお母さまはあなたのお母さまの妹さんですか？〉

「はい、そうです」

〈ありがとうございます。彼は今となってはお母さまを愛していますが、連絡をつけることができません〉と伝えると、その息子さんは事情がわかったようでした。

〈とてもひどいことですね〉

「はい、本当に」

〈さて、その青年は私をドリスと呼びながら、『ドリス、ぼくの人生がどんなものだかわからないでしょう。誰にも言えなかったけど、ぼくはとても孤独でした』と言っています〉

「はい、そうでした」

〈だから、色々なことをしでかしたのです。彼は愛されたかったのです。叔父《おじ》さんや叔母《おば》さんは愛していると言ってくれましたが、彼は誰からも愛を感じませんでした。これは、ご理解いただけますか？〉

「はい、わかります」とその息子さんは答えました。

〈彼は続けざまに語りかけてきますが、息子さん、あなたには理解してもらっていると彼は感じていますね〉

「はい」

〈ほかの誰よりも彼をわかっていますね。彼に理解していることを伝えようとしましたね。あなたから彼のお母さまに、彼が話したがっていると伝えてください。彼は、間違って死んでしまったと言っています。『本気で自殺をする気はありませんでした。皆がぼくに注目をしてくれると思ったのですが、本当に死んでしまったのです』そう彼は言っています〉

私は、人々に癒しや助けを与えるためにステージに立つのであり、決して試されるために行なっているのではありませんが、その息子さんからは予想外の質問をされました。

「彼の名前はわかりますか？」

亡くなった少年の名前を知っているはずなので、この質問は明らかに私を試しているものでした。こんなことに時間を費やすのなら、この交信はもっと早めに切り上げるべきでした。

〈もし、彼が教えてくれるのならお伝えできますよ〉と言い、その亡くなった若者と再び交信を始めました。

〈この少年はアランと呼ばれていましたか？〉

「わかりません」と息子さんは答え、

〈アランとは、彼に関係する方の名前です〉

「彼の従兄弟にアランはいます」

〈では、デビットかデビー、いいえ、デビス。それに、ピーターと呼ばれている人〉

「ピーターという従兄弟がいます」

〈三つの名前から二人の従兄弟を見つけましたね。では、リチャードとはどなたですか？〉

「自殺した彼の名前です」

しかし、さらに驚いたことは、次にその叔母《おば》から、

「では彼が飼っていた犬の名前は何ですか？」と聞かれたことです。

人々の中には、あれこれとほしがる方がいるものです。


エアーでの講演では、服毒自殺をした女性が現れ、私は、彼女のルームメイトだった女性のもとへ導かれました。彼女らの関係は明らかにとても親密で、亡くなった女性はその友人のことを深く愛していたのに、はっきりとしない理由で別れを告げられたと語りました。

〈彼女から指輪をもらいましたね〉と客席の友人に尋ねると、

「はい」と彼女は答え、

〈それは、大切なものだったので、しまっておいてください。お互いに大切に思っていました。二人で一緒に写っている写真を、他の写真と一緒に保管していますね〉

「はい、そうです」

〈彼女は何歳でしたか？〉

「二十五歳でした」

〈二十六歳になる寸前でしたね〉

「はい」と友人は涙ぐみながら答えました。

〈なぜ、ご自身を責めるのですか？〉と彼女に尋ねると、

「わかりません」

〈彼女は、『誰も悪くなかった。すべては自分自身の過ちだった』と言っています〉

プレストンでは、喉に痛みを感じた瞬間、首吊り自殺をした男性が現れ、彼の妹さんのもとへたどりつきました。

〈彼はお母さまについて話しています。お母さまも霊界にいらっしゃいますね〉とその妹さんに伝えました。

「はい。兄は母と口論をしたのです」

〈彼は望まれていないと感じたそうです〉

「そうです」

〈お父さまも霊界にいらっしゃいますね。お兄さまは家では、上手くいっていなかったようです〉

「事実です」

〈『家に居場所がなかった』と彼は言っています。誰からも愛されていないと思い、養子なのか、とも思ったそうです〉

「私たちも疑ったことがあります」と妹さんは言いました。

〈喧嘩が絶えなかったと彼は言っています〉

「本当です」

〈さて今度は、お母さまが現れました。お兄さまは霊界でお母さまに会い、和解をしたと言っています〉

「まあ、それはよかった」

〈彼は、お母さまのことを許してあげるよう、あなたに伝えています。お母さまの人生はとても大変で、お父さまもご苦労をされたようですね。『お母さんは、ぼくらを愛していることを知られたくなかった』とお兄さまは言っています。彼は以前にも自殺未遂を起こしていますが、首吊りではありませんね〉

「はい、事実です」

〈最後に、彼はロープを首にかけ飛び降りましたね〉

「そうです」

〈階段の上からですか？〉

「いいえ、高速道路の上からです」

〈首に何かを巻いて飛び降りた感覚がしました。お母さまとの関係を乗り越えられなかったけれど、もう大丈夫だと、言っています。あなたは、ご苦労をされていますね。お兄さまは以前と変わらず、いつまでもあなたのことを愛しています。あなたもお兄さまを愛していましたが、何もしてあげられなかった、と思っていますね〉

それから、彼はメアリー・アンと呼ばれている女性について語りだしました。

〈何か心当たりはありますか？〉と妹さんに尋ねると、

「いいえ、ないです」と答えました。

〈メアリーとアンの二人かもしれませんが、お父さまに関係している方です〉

「ああ、わかりました。誰だかわかります」と彼女はあわてて答えました。

しかし、男性が突然妹さんのところから、彼女の隣りに座っている女性へ移ったので、この件に関しては、ここで終わってしまいました。

このような出来事は、理由はよくわかりませんが、私の講演ではたびたびあります。

妹さんとお隣りの女性が、その晩、示し合わせて来場したのかはわかりませんが、見ず知らずのようで、亡くなったお兄さまも隣りの女性については知らないようでした。

お兄さまは霊界から、隣りの女性に関係している男性を連れてきました。この男性がどのように亡くなったのかはわかりませんが、一つの交信から新たな交信が生まれた例なので、紹介させていただきます。

その男性は、隣りの女性のご主人だと判明しました。彼らの生活は大変だったようで、

〈ぼくたちは、一生懸命に努力しました〉と彼は伝えてきました。

〈最初の結婚のときは、義理のお母さまと同居していましたか？〉と尋ねました。

「いいえ、私の父と住んでいました」と女性は返答しました。

〈それから、出て行くことになりましたね。お父さまは彼に指図をし続けましたね〉

「はい、そうです。平穏な生活のためには、そこを出て行く必要がありました」

〈そこを出て、やっとご自分の人生が始まりましたね。お子さんはお二人ですか？〉

「七人います」

〈二人のことを話しています。家には二人いますか？〉

「一人だけいます」

〈彼は、まだ二人について話しています〉

「どの二人だかわかります。彼のお気に入りの子どもたちです」

〈そのうちの一人が家にいますね〉

「はい」

〈一人のお子さんは問題を抱えていますね〉

「家にいる子どものことです」

〈ご主人がいたら変わっていたでしょうが、この子は、少し厳しく躾ける必要がありますね。ただ、ご主人は、あなたの育て方を誇りに思うと言い、あなたがバッグに入れている彼の写真を私に見せています〉

「このバッグではないですが、もう一つの中に入っています」

〈茶色のバッグですか？〉

「そうです」

〈ご主人が茶色のだと言いました。多分、寝室にもう一つありますね。『寝る前におやすみを言い、語りかけてくれる』と言っています〉

「事実です」

〈ご主人は、あなたと過ごした日々が人生で一番よい時期で、とても感謝していると伝えてきています。『正直に言えば、ぼくは気難しかったと思います』と言っています〉

「それは、本当のことです」

〈今度は、『お金の問題がありましたが、ぼくには全部わかっています』と言っています〉

その女性は「えっ」と、小さな声を漏らしました。

〈あなたは、お金を少し隠していますね〉と私が言うと、

「はい、そうです」と彼女は言ったので、観客は興味津々となりました。

「以前お金を失くしたことがありますね。誰の目にも留まらないところにお金を置いてください。『息子たちを愛していますが、誘惑を与えないようにしてください』とご主人は言っています。わかっていただけますか〉

私は五十年近くこの仕事をしていますが、ゲーツヘッドでの講演時に初めて焼身自殺をした人に出くわしました。

彼は、三年前に亡くなっており、客席の妻へ謝罪するために現れました。

〈前にも一度自殺を試みましたが、そのときは途中で止めました〉

「そのとおりです」と婦人は答えました。

〈男性は眠りについた、と言っていますが、頭で何かが爆発し、窒息する感覚がします。彼はどのように亡くなったのですか？〉

「主人は自分自身に火を放ちました」

〈煙で亡くなっていますね。『事故ではなく、自殺でした』とご主人は話しています。まあ、どうしましょう。ご主人はご自身に火をつけたのは、復讐のためだと言っています。なんてひどいことを言うのでしょう〉

「私にはよくわかります」

〈お子さんについてお話されています。お一人亡くされていますね〉

「はい」

〈ぼくはどうしていいかわからなくなりました〉

とその男性は言いました。まるで、誰かに挑発されたかのようで、〈自分で自分を破壊するしかなかったのです〉と語りました。

「主人は、自殺をすると脅したので、それがお望みならばどうぞ、と言ってしまいました。止めさせるには、その言い方しかないと思ったのです」

〈ご自身に何か液体をかけましたね〉

「はい、ガソリンです」

〈そして、自分で自分に火をつけました。ご遺体の損傷は激しかったですね〉

「はい、そうでした」

この交信は、とても恐ろしく残酷で、読者の方々に苦痛を与えてしまったならば、謝罪いたします。ただ、悲劇的な話だから掲載したわけではなく、絶望の淵にいる人々に少しでも希望の光を与えてくれることを願ってお伝えいたしました。

事実、その男性は次の言葉を残しました。

〈『肉体は破壊しましたが、ぼくは生きています。ぼくは自由なのです』〉

それから、彼は奥さんに、

〈『もう限界で、前に進むことができなかった』〉と許しを乞いました。

〈ご主人は芸術家タイプでしたね〉

「はい、そうでした」

〈ご主人は、本来、独りで自由にいることが好きでしたが、残された道は、自身の肉体を破壊することだけで、精神的にはすでに破滅の状態でしたね〉

「ええ、本当にそのような感じでした」と奥さんは同意しました。

〈『ぼくはもう大丈夫です。迷惑をかけて本当に申し訳なかった。もう元気になったから、ぼくのことを許してほしい。君に嫉妬はしていない』と言っています〉

「主人の言っていることはわかります」

〈自分の人生を進んでほしい、とも言っています。まあ、いきなりイタリアについて語りだしました〉

「私の隣りの方はイタリアからいらしています」と奥さんは言いました。

〈ご主人はあなたのお父さまに霊界でお会いした、と言い、あなたに迷惑をかけてすまなく思い、償《つぐな》いたいとも言っています。子どもたちは本当によく育っていて、あなたに感謝をしています。あなたは母親と父親の役目をしていますね。『ぼくはいい父親になろうとしたが、なれなかった』と言っています〉

このように恐ろしい状況で人生を終えた男性は、

〈『さようならは言いません。また帰ってくるから』と終えました〉

この男性は、私と交信をしている間でも、まだ怒りを残していました。

霊界に戻ってもすぐには失敗や問題を解決することはできません。『人生があるから、希望がある』という言葉がありますが、『死があるから、希望がある』に置き換えられるでしょう。

この男性の場合は、彼が『ぼくは生きています。自由なのです』と言っているように、死は彼にとっては解放となっています。

もちろん自殺は、絶対にやってはいけない行為で、どんな方法であっても恐ろしい出来事です。

バーミンガムでは、一ヶ月前に首吊り自殺をした若い青年が現れました。興味深いことに、この青年は亡くなってから、たった三十七日間で現れたのです。

青年は、私を客席の女性のところへ導きました。

〈彼の叔母さまですね〉と私が言うと、早すぎる甥の死に、彼女はとても感情的になっていました。

〈泣かないでください。こちらに戻ってくるのはとても大変で、泣かないでほしいと言っています。彼はお母さんと話がしたいようです。どなたが彼（の遺体）を発見しましたか？〉

「あの子の母親です」

〈『本当にするつもりはなかったけれど、ジャンプをしてしまいました』と言っています。彼は二十三か二十歳ですね〉

「二十歳です」

〈ぼくの人生は何の役にもたたなかった……。彼はとても賢い少年でしたが、ほしかったものを何一つ手に入れることができませんでした。ユニフォームがほしかったのに、持てなかった。ぼくは何一つ悪くありません……。彼にとって音楽は非常に大切で、ギターを弾いていましたね〉

「はい。そうです」

〈自分でチューニングをし、どんな曲でも弾けました……。彼は、いつお亡くなりになりましたか?」

「先月の四月二日です」

講演は五月九日でしたので、多くの観客は驚きで息をのみました。

〈つい最近ですね。でも、二十二か二十、と言っているのはなぜかしら?〉

「二十日に埋葬されたのです」

〈そうですね。彼は、『そこにいて皆を見ていました。自殺なんてしなければよかった。ぼくの人生にはほかにも色々なことがあったはずだと、今になってわかりました』と言っています。恋人がいましたが、お母さまがまだ早いと反対しましたね。お父さまにも伝言があります。お母さんの面倒をみてあげることがとても大切だ、と言っています。今、お隣りの二人のお子さんについて話しています。『とても大好きな子どもたちで、こんなことをしてしまい、ぼくはとても恥ずかしい。一瞬の出来事でした。本当にあっという間でした』〉

「ドリス、なぜかしら?」と、すがるようにその叔母さまは私に聞いてきました。

〈なぜって、何がですか? 彼は、『ぼくもどうしてやったのかわかりません。何の問題もなかったし、何の理由もなく、突然やらなければ、と思い立ったのです。警官になりたかったのですが、落とされました』と言っています〉

理由もなく行なった自殺に、観客たちは青年やご家族に同情をしていました。

〈では続けますね。スーによろしくと言っています〉

「隣りの家の少女のことです」
〈彼は海外に行こうと思い、実際に準備を整えていましたね〉
「はい、ドイツに行くことになっていました」
〈その目的は何でもよかったようですね。お母さまが、彼のお葬式の際にバラを供えてくれたことにお礼を言っています。『お母さんに、もう思い悩むことは止めるように伝えてください。ベッドに座って、なぜ、なぜ、と言っているのです。ぼくには謝ることしかできません』と彼は言っています〉

このように多くの自殺者との交信例を紹介したのは、興味本位ではなく、読者の皆さんに人生に終わりはないことを、お伝えしたかったのです。

悲劇のなかで泣くのと同様に、私たちが笑うことは、霊界に渡った人々に対して無礼なことではありません。ですので、この章の最後としてユーモアに溢れた交信を紹介いたします。

ハンリーでの講演でデモンストレーションを行なっていると、霊界からやってきた女性が、（珍しく、彼女とは無関係な）私を客席の女性へと導きました。

導かれたその観客には自ら命を絶った身内が二人いるようで、

〈お身内で二人自殺されていますね。ひどいことですね〉と言うと、突然、亡くなった二人が現れました。一人はガス自殺をした義理の妹で、もう一人は服毒自殺をした母親でした。しかし、母親だけが娘に交信を望んでおり、義理の妹は言葉がでませんでした。

〈フランクとはどなたのことですか？〉と尋ねると、

「夫です」と客席の女性は答えました。

〈あなたのお隣にいる男性ですか？〉

「はい、そうです」

〈お母さまはご主人とお話をしたがっています〉

と、そのご主人に向かい、

〈『落ち込んでいた娘に、尽くしてくれて本当に感謝しています』と言っています。それと、こんなことを言うのは恐縮ですが、彼女は『あなたは、いつも優柔不断だった』と言っています〉

「それは本当のことです」と彼は認めました。

〈私に対しては、恐怖感はありませんよね〉と尋ねると、

「ええ、ないです」と彼は言いました。

〈では、義理のお母さまのことは恐れていましたか？〉

「はい、少し」

〈いつも、小さな言い争いはありましたね　彼女は少々、口やかましい方でしたね〉

「はい、そうでした」とすぐに彼は大きくうなずきました。

〈彼女はあなたに満足しませんでしたね。あなたは口論が嫌いですが、彼女は、少し喧嘩をすることが好きでした。『彼は、私が理想としていた婿ではなく、私を避けていて少しも話し合おうとせず、それが悩みの種《たね》でした』と言っています〉

観客の皆さんは、この義理の母親がとても個性的で手に負えない性格だと感じ始めていました。

〈あなたは、義理のお父さまとはとても仲がよかったですね〉

「はい、そうです」

〈彼女は、あなたがお父さまを大好きだったと言っています。それから、『それが、とても腹立たしく嫉妬していました。だから余計に気が強くなりました』とも。

……今、奥さまのお父さまがいらっしゃいました。とても物静かで控えめな方ですね。お母さまとは正反対の方ですね。まあ、どうやって平穏に暮らしていたのかしら。お父さまは、『彼女と暮らすには、口をつぐむことしかなかったが、彼女を愛していたし、彼女も私を愛していた。彼女はよい母親であり妻でした』と言っています〉

この間にも、その母親は一人で話をしたがりました。

〈お母さまの指輪をつけていますね〉と再び客席の娘さんに尋ねました。

〈『それを私に見せるように』とお母さまは言っています。指にはめていますね〉

「はい」

〈お母さまは、あなたのご主人は世界一だと言っています〉

「はい、わかっています」

〈『彼は、普段は多くを語りませんが、いざというときにはすばらしい手助けをしてくれることが今になってよくわかります』と言っています。またあなたのご主人に対して『無礼に接していた』と語っています〉

「はい、それは本当です」と彼はぼそぼそと答えました。

『もう少し、はっきりと答えるように伝えてください』と、霊界の義理の母親がすかさず私に伝えてきました。

〈お母さまは、どの辺りで止めるべきだったのか、教えてほしかった、と言っています。不平はよく言われていましたが、一度たりとも面と向かって話したことはありませんね。しかし、あなたは世界一の義理の息子だそうです〉

霊界からこちらの世界に戻ってくるときは、生前と同じような外見であり、性格や特徴も同じく残っています。この手ごわい女性は、生前よりも理解を深めたと思いますが、客席にいた彼女の娘さんや婿さんには、誰と話していたか疑う余地もありませんでした。

〈お母さまは三回結婚していますね〉と突然娘さんに尋ねました。お母さまの話はとても早いので注意深く聞く必要がありました。

「はい、そうです」

〈『そうですとも。全員、思いどおりに支配しました』と言い、とても美人だった、とも付け加えました〉

「はい、とても綺麗でした」と娘さんは認めました。

〈『全員から求婚され、私からは一度も頼んだことはありません。どの夫も、どんなに価値のあるものを手にしているかわかっていました』と言っています〉

この時点で、客席の笑い声は爆発寸前でした。

〈この女性はとても面白い方ですが、ご自身ではそう思っていませんね。『何がそんなにおかしいのかしら?』と言っています〉

これが、また可笑《おか》しさを増大させました。

〈言葉に気をつけないと。彼女は三回結婚をしましたが、男性にとっては淑女だったと言っています。彼女はいつも綺麗な身なりをし、髪の毛を触りながら『私は、最高でした』と言っています〉

と同時に観客は大爆笑でした。

〈彼女は変わった方ですね。『信じないでしょうが、私は優しくなりました。娘を気にかけてくれて本当に感謝しています。あの子は私とは違った意味で少々やっかいなのです』と胸の内を語っています〉

その婿さんは同意しました。

私は突然、ご夫婦の隣りに座っている赤い服を着た少女に視線を向けました。

〈あなたはお孫さんですか?〉と尋ねると、

「はい、そうです」と少女は答えました。

〈そうだと思いました。あなたは、おばあさんの一番のお気に入りでしたね。しっかりした娘さんで、男性にもてるでしょうが、きちんとしていると言っています〉

その孫娘はとても明確に答えて、この交信を楽しんでいるようでした。

〈『私が若かったときのように、この娘はとてもかわいいです。いい寄られても、適当にあしらいなさい』それから、皆さまに神のご加護を、と言っています〉

これで交信が終わると思っていましたが、少し経つと、客席の先ほどの女性に、

〈もう一人娘さんがいますね。二番目の娘さんは、どちらにいらっしゃいますか?〉と語りかけ、

「彼女は家にいます」という回答をもらいました。

〈本当は、いらしてほしかったですね。『家にいても何もしていません。ここに来るべきです』とお母さまは言っています〉

この強烈な女性は、講演の客寄せまでしてくれました。

## Chapter 9　犯罪被害者からのメッセージ

故意に他人の人生を奪うことは最悪の犯罪ですが、その行為に魅了される人がいることも確かです。しかし、どんな状態であれ、人が他人の人生に終止符を打つことができるのでしょうか？このような恐ろしい行為に手を染めることのできる人間とは、いったいどういった人なのでしょうか？

私はメッセージの架け橋のミーディアム（霊能者）ですので、八十四歳で老衰によって亡くなった男性からのメッセージと、レイプされ溝に投げ捨てられた少女のメッセージは、どちらも同様に大切ですが、悲劇のケースが観客に強い印象を与えることは否めません。

講演中は、どなたが現れるか見当がつきませんが、客席には必ずそのスピリットの関係者がいらっしゃいます。その中でも緊急性を要する交信は、亡くなり方に関連していることがよくあります。一九八五年のツアーで、殺された方からの交信が多かったのは、多分その理由からでしょう。

ハルでの講演の様子は報道されたので、まず、その記録からお伝えします。

私がハルへ到着したときには、十一週間前に無残に殺された九歳のクリストファー・ラバラックについては何一つ知りませんでした。

〈ここに、お子さんが来ています。ひどい方法で殺害されましたね〉

そして、客席のこの子の母親と継父のもとへ導かれました。

そのご夫妻は、少しでも子どもの残虐な死から立ち直れるように私の講演に招待されたようでしたが、このときは、知る由《よし》もありませんでした。

〈とても言いにくいことですが、お子さんは、生ごみの中から発見されたと伝えています〉

「はい、ゴミ袋の中から発見されました」と継父は答えました。

〈誰が殺したかはわかっていませんね〉

「はい。犯人はまだ捕まっていません」

〈この子は、とても神経の細やかなお子さんでしたね。女性っぽいという意味ではなく、とてもやさしい少年でした〉

「はい、そうです」と母親は答えました。

〈彼は三月《さんがつ》について話しています〉

「あの子が殺された月です」

〈二ヶ月間、発見されなかったと言っていますが?〉

「いいえ、二日間です」

〈ブライアンとはどなたですか?〉

「私がブライアンです。あの子の継父です」

〈このお子さんの実のお父さまは実在されていますね〉

「はい」

〈お子さんは、実のお父さんとは話をしたくないそうです〉

「ええ、理由はわかります」と継父は答えました。

〈お子さんは、『ママにぼくは大丈夫だからと伝えてください』と言っています。お母さまはこの子の写真をバッグに一枚と小さなお財布に一枚入れていますね〉

「はい。そうです」

〈彼は、ジムと会ったと話しています〉

「亡くなっているぼくの友人かもしれません」と継父は答えました。

〈この男性は二年前に亡くなっていますか?〉

「間違いない。ぼくの友人です」

〈あなたと話ができて嬉しいと言っています〉

「デビッドとはどなたですか?」

〈私の息子です〉

「さて、今はマイケルについて話しています」

〈マイケルは同じ小学校の親友でした〉

この報道からもわかるとおり、このご両親は少年からメッセージをもらい、とても心が癒やされたようです。

さらにこの少年は、母親が再婚相手の男性（継父）と偶然出会ったときのことを『最高だった』とも言いました。

ご遺族のお気持ちを思うと、この少年の実名を出すことに躊躇しましたが、詳細に報告された殺人事件でしたので、あえて出させていただきました。少年からのはっきりしたメッセージによって彼が元気でいることを伝えることが、ご両親を元気づけることになるように祈っています。

ハンバーサイド警察がその事件の犯人逮捕に全力をつくされていますが、まだ犯人逮捕にはいたっておりません。


次に、ナチの毒ガスによって、家族全員が殺されたケースを紹介いたします。

それはプールでの講演でした。私は一人の男性のもとへ導かれました。

〈亡くなられた兄弟はいらっしゃいますか？〉と尋ねると、

「はい、います」と答えました。

〈お兄さまとお父さまがここにいらしていますよ。まあ、なんてことかしら。サラ、メアリー、アナ、テッド、アーサー。そしてジョン。全員ご家族だわ。皆さん戦争のことを話しています。強制収容所に入れられ、鎖のようなものでつながれています。まあ、彼らはガス処刑室へ送られました。そのうち五人は家族でした〉

次に客席の男性の奥さんの叔母さまにあたるアンナ（anna）について尋ねた後、時計屋のウイルヘルムについて話しました。

すると突然私は、イスラエルへ飛んだのです。

〈イスラエルにご親戚がいらっしゃいますね。訪ねたことはありますか？　あら、航空券が視えますから、近々行くことになりますね。あなたのお名前はサミュエルですか？〉

「いいえ、ぼくの父の名前です」とその男性は答えました。

〈まあ、お父さまにそっくりですね。今、お母さまがいらしています。彼女は、あなたは行ってしまった、と言いながらあなたに制服を着せました。英国陸軍にいましたね。あなたはドイツ系ですか？〉

「オーストリアです」

〈お母さまはカールによろしく伝えるように言っています〉

「ぼくの従兄弟です」

〈それからアリアーナにも。ハンガリーの名前だと思います。さて、お父さまは木樵《きこり》だった男性を連れてきました。ライン川について話しており、この男性と一緒に仕事をしていたようです。

戦争の話に戻りますが、あなたは危機一髪のところで助かりましたね〉

「はい、そうです」

〈えぇ、あなたはウィーンでお生まれですね。お母さまはダンスが大好きでした〉

この母親は、こちらの世界にいたときには、男性の奥さんに面識はなかったけれど、霊界からよく見て知っているとも伝えてきました。

私は次の言葉でこの交信を終えました。

〈お母さまはあなたに『連れていかれるとき、あなたにさよならを言い、もう二度と会えないとわかっていました。私の人生において最悪なことでした』とおっしゃっています〉

ナチは生命を奪いましたが、魂までは破壊できませんでした。


グラスゴーの講演で、二人の殺された少女が先を競って現れた、興味深い交信が記録されています。

その事件に関して私は何も知らず、尋ねようともしませんでしたが、彼女たち自ら語りました。

一人の少女は首を強く絞められたようで、客席の女性が、不可解な事件で殺された息子の恋人だと認識しました。当時、その事件は未解決で警察も調査中でした。

〈車が止まっています〉

「そのことは、まだよくわかりませんが、車に連れ込まれたのでは、と疑問に思っています」とその女性は述べました。

〈ええ、車内で殺されています。『私は車に乗りこみました。お母さんから、見知らぬ人の車には乗らないように注意をされていましたが、その晩は遅くなったので、つい誘いに乗ってしまったのです』と、この少女ははっきりと言っています〉

〈その晩は、あなたの息子さんとは別行動でしたね。彼女は短いスカートをはいていましたが、排水溝で発見されましたときには洋服を身にまとっていませんでした。『やつらは私を投げつけて、強姦しました』と彼女は言っています〉

真偽のほどは定かではありませんが、少女の証言によると、深夜、送ってもらうために車に乗ると、二人以上の男がいて、強姦され排水溝に投げ捨てられたそうです。

この交信が警察の捜査にどの様な影響を与えたかはわかりません。

前回の著書でも説明したように、警察の要求には極力応えるようにはしていますが、彼らの調査を手伝うことには関心はありません。犯罪者を捕まえることは彼らの職務であり、私の仕事ではありません。しかし、デモンストレーション中に必要性を感じれば、その情報を明らかにしています。

話は戻りますが、その少女はもう一つ証拠を与えてくれました。少女は、女性の息子である恋人と話しをしたがり、

〈彼から指輪をもらったそうです〉

「はい、婚約指輪です」と女性は認めました。

〈指輪は発見されましたが、彼女の指にはめられていませんでした〉


次に、二人目の少女が、現れました。

〈今、若いお嬢さんがいらしています。この少女も殺害されていますね〉

このときのテープを確認すると、観客は皆、沈黙していました。

〈明確にさせてください。伝え難いことですが、この少女は殺害前にレイプされました。男は彼女の胸を殴りつけました〉

「ドリス、そうです。その子の母親は私の夫の妹です」と一人の女性が声をあげました。

〈彼女はお母さんとお話をしたいそうです。でも、お母さんは彼女が戻ってきたことを信じないでしょう。この少女は二十二歳でしたか？〉

「いいえ、たった十四歳でした」

〈十四歳ですか？　彼女は二十二と言い続けています。二十二に何かが関係しているはずです。待ってください、わかりました。彼女は二十二番目と言っています。彼女のご遺体はどなたが発見されましたか？〉

「母親です」

〈彼女は、お母さまはそのショックから立ち直ることができないと、伝えてきています〉

「ええ、本当にそうです」

〈お母さまから止められていたにもかかわらず、やってしまった、と言っています。『行ってはいけない場所によく出入りをしていました』と彼女は語っています〉

そのとき、私の前を誰かが横切り、交信は中断しました。私は、霊界との通信が途切れてしまうので、交信の最中は決して私に近づかないようにお願いしているのです。それは、まるでワイヤーが切れるように終わってしまうからです。

この後、その少女を連れ戻すのに苦労はしましたが、彼女は再び現れました。

〈誰が犯人だかわかりますか？〉と女性に尋ねると、

「はい、知っています」と答えました。

〈彼女は、殺人犯は捕まり罰せられましたが、お母さまは犯人を殺したいと思っていると、言っています〉

「私たち、全員がそう思っています」と女性は言いました。

〈お母さんに、その思いは解放するように言ってください。『一瞬の狂気だったから』と彼女は言っていますが、おわかりになりますか？〉

「はい、わかります」

〈『一瞬にして狂い、私は戻れなくなりました』この少女は、お母さまが常に話しかけてくれると言っています。『もう終わったことだから心配しないで。お母さんのことをとても愛していま

す』〉

と、十四歳の少女は、心のこもったすばらしい癒しのメッセージを送ってきました。

この講演では、殺害された人々は、ナチによってガス室へ送られた一家以外はすべて若者か年少者でした。

殺害された人々からのメッセージをお伝えしましたが、締めくくりに、十六歳で殺害された少女、リン・シドンズの交信を紹介させていただきます。この事件は、広く世間に報道されているので、あえて彼女の実名をあげさせていただきます。

七年前に雑木林で、三十回以上ナイフで刺された上に窒息死させられた十六歳のかわいらしい少女が、客席にいた祖母のもとへ現れました。後の新聞報道によると、そのとき会場にいた千六百人以上の観客は、ただ呆然と押し黙っていたそうです。

この事件は世間の大きな関心を集め、疑いをかけられた十五歳の少年は無罪となっていました。少年の証言は二転三転し、彼一人でリンを殺害するのは不可能だという判決がでました。裁判官は、この奇怪な殺人を一人で行なえるほど少年は強靭でないと感じており、事実、その少年は自供を強制させられたと訴え、公判中に突然、彼の継父の事件への関与を告発しましたが、その継父は断固として否定し、不起訴処分となりました。

陪審の評決は少年の嫌疑を晴らしましたが、リンの事件は未解決のままでした。真偽のほどは定かではありませんが、彼女は開口一番、

〈『二人が一緒にいました』〉と語りました。

この言葉が何を意図するのか正確にはわかりません。

それから彼女は雑木林のそばの芝生について語り、

〈そこで、私は殺されました。犯人は二人です。初めは三人いましたが、一人は逃げました〉

と言い、

「その件は知りません」と彼女のおばあさんは言いました。

〈言いにくいのですが、彼女の言葉を伝える必要があります。『私をバラバラにしました』〉

「はい、本当のことです」

〈『私はもがき、戦おうとしましたが、逃げられませんでした。犯人は二人とも捕まっていません。でも、一人は何もしていません』最後の一人は、逃げた三人目のことだと思います。リンは、この殺人犯には裁きを受けるときが来ると言ってくれました。『どうなるか見ていますから。人間の行為ではないのです』〉

〈彼女はあなたをナンと呼んでいましたか?〉とおばあさんに確かめました。

「ええ、時々呼ばれていました」

〈フローリーとはどなたですか?〉

「私の名前はフローレンスです」

〈あなたは、彼女のお祖母さんですね〉

「はい、そうです」

〈リンダとはどなたですか？　あらリンかしら？〉

「あの子の名前です」

〈そうでした。リンダではなくリンだと大声で言っています。彼女は、彼らは賠償金を払わされることになるだろうと言っています。犯人らは、彼女に近づきたかったようです。まるで戦争の真ん中にいるようで、聴きづらいのですが、『賠償金は半分しか入らないそうです。皆が犯人を知っているはずです』と言っています〉

「ええ、皆知っています」とおばあさんは言葉を挟みました。

〈『でも誰も何もしようとしません。ドリス、あなたのお陰で、こちらに戻り、反論する勇気がでました。皆、誰がやったかわかっているのに、何もしようとしません』と少女は言っています〉

これが、おばあさんや観客にどのような意味があったとしても、私にとっては何の意味もありません。しかし、確かに観客の心に触れたようで、皆猛然と拍手をしました。

〈リンは、ほかのミーディアム（霊能者）はわかってくれなかった、と言っていますが、本当ですか？〉とおばあさんに尋ねると、

「はい、そうです」

〈彼女は、ほかの人は躊躇したけれども、私（コリンズ）は違っていたと言っています。皆が知っている、と彼女は言っていますが、私には意味がわかりません〉と言い、終了しました。

リンのお祖母さんは、犯人に裁きを受けさせようとし、さまざまなスピリチュアリストのもとを尋ねたそうですが、私が提供した詳細が最も正確だったと、賞賛をいただきました。

# Chapter 10　ミーディアム（霊能者）として

霊視『clairvoyant』という言葉はフランス語からきており、『clear ＝明確に』、『see ＝見ること』と言う意味です。

それは、一般的な視界ではなく、『魂で視《み》る』ことだと思っています。

科学による解明が進むにつれ、脳よりも心の状態の影響力が強いことが認められつつあります。

霊界と交信しているとき、感覚、視覚、聴覚、知識は霊的感性によって動かされています。そして、霊界から交信を求めて来るときには、伝わりやすいシンボルがよく使われ、ミーディアム（霊能者）はそれを通訳する役目があるのです。

ミーディアム（霊能者）は、みなが同じ方法で伝えることは不可能です。私は生徒（編集部註：コリンズの講義に参加している人たち）には常に、独自の簡潔な言い方を見つけるように指導しています。その技術を身につければ、伝わってきたシンボルをすばやく依頼者に伝えられるからです。

私自身は、とても明確に視えるときもあれば、映像の一部しか視えないときもあります。また、ときには声を聴くこともあり、さまざまな感覚が混ざりあって来ます。

ミーディアム（霊能者）は、「客観的」タイプと「主観的」タイプの二つの型にわかれます。客観的なミーディアム（霊能者）は、自身の肉体を提供し、主観的なミーディアム（霊能者）は、自身の意識の中で識別をします。

霊界からの伝わり方は千差万別なので、その情報を明確に受け取ることはとても難しく、ときには惑わされることもあります。

シッティングやデモンストレーションの際、ミーディアム（霊能者）は自我を捨てて、すべての感覚と、過去や現在、さらに未来までを取り混ぜ、そこにある全景に溶け込み、背景にある日常のささやかな出来事を感じ取り、伝えます。

私には特別な能力がありますが、それを大げさに主張するのではなく、どのように生かすかが、もっとも重要なことだと思います。

私は、シッティングやデモンストレーションを行なっている最中は、外見上は変わりませんが、完全に違う人格が入っています。

広い意味で私たちは皆、霊媒ですが、その中でその能力が突出している人がいるのです。その能力は、とても自然なものですから、何一つ恐れる必要はありません。

『神わざ』とは、自然現象を説明できない人々が作り出した言葉です。そして、未知に対する恐怖感を持たせることで、非常に営業価値の高い題材としたのです。

私の人生はすべて未知のものであり、人々に起こった『神わざ』も、私にとってはただの自然現象にしか過ぎないのです。

私の仕事は正常で、少しも異常な部分はありません。

幽霊は『神わざ』なのでしょうか？　そもそも、幽霊とは何なのでしょうか？

ミーディアム（霊能者）として仕事をしているとき、私は肉体を脱ぎ捨てた魂たちに頻繁に会っています。これは、幽霊を視ているということでしょうか？

もし、魂が目に見えないというのなら、私はどのようにして一度も面識のない人を正確に描写できるのでしょうか？

私がシッティングやデモンストレーションをするときは、自身の波動と意識を、心の中で引き上げます。それは、科学者に「アルファ」と呼ばれているもので、一般的な視界を越えたものです。

形を持っていない魂は、確かに目では見ることはできませんが、存在を伝えたい魂たちは、地球上にいたときと同じ姿を私に感じさせてくれるのです。それは、いたって単純な思考で、テレビのように与えられた写真を複製して、思いを記録するだけなのです。

大切なのは魂と心のつながりであり、見え方よりも、彼らの心情と希望をいかにして、『あちらの世界にいる人の声を聴きたがっているこちら側の人に伝えるか』が重要なことなのです。その方法は、まるで機械を回転させるように、自動的なものであり、決して『神わざ』と呼べるようなワザではありません。

聖書には、国王が夢の実現のために預言者を呼んでいた、と記述されています。そして旧約聖書の中の預言者は皆、見通す力がありました。多分、彼らにも霊視能力というスピリチュアル・ギフトがあったのでしょう。

今日にいたっても、霊視には真新しいものはないのです。

# Chapter 11　不思議な出来事

私たちは、現実の約三十％しか感じ取ることができないと言われていますが、それが正しければ、残りの七十％の「現実」は感じ取っていないということになります。

しかし、ときが経つにつれ、その隠されている部分を、学び、理解し、探求することとなるでしょう。

私は、ごく一般的な女性であり、郊外に住んでいる典型的な主婦です。少し商才がありますが、その他は普通の女性となんら変わらず、もし、お茶に招かれれば、皆さんと同じように、話好きなことがわかるでしょう。

スピリチュアル・ギフトを授かったことは普通ではありませんが、それ以外は最も平凡な人間で、とりたてて重要に思われることはないのです。

しかし、ためらわずに認めると、私には、ほとんどの人々にはない、日常生活を超えた範囲のものを視《み》る特別な力があります。この力はときには重荷にもなりますが、この特殊な感性をいただいたことは、大きな恩恵だと感じており、未知の世界を探検する先駆者になるために、そのギフトをいただいたのだと信じています。

実際に、私は「心霊」よりも「敏感」という言葉を頻繁に使います。多くのとても敏感な人々はとても単純で、ときには自身のもっているギフトに気がつかずに、学ぶ機会のない人もいます。それに気づくかは、それを受け入れるかどうかです。

この本のいたるところで、ミーディアム（霊能者）としての私の行動を語っていますが、自分の意思とは関係なく視て、感じてしまうのはなぜなのか、いまだに説明がつきません。

たとえば、サウスエンドの空港の近くのホテルに滞在したときは居心地が悪く、一睡もできませんでした。一晩中、若いパイロットの集団の話し声が聴こえ、この老婦人の安眠の邪魔をするために、若者の集団が起きていたのだと思っていました。ホテルの支配人は私の苦情を受け入れてくれませんでした。しかたなく、次の晩は、別のホテルに泊まったので、熟睡することができました。

後に友人から聞いた話によると、問題のホテルは「バトル・オブ・ブリテン」（註：第二次大戦時ドイツ空軍との英国本土防空戦）のときに、英国空軍機の離発着場だったところで、私が泊まった晩は偶然にも四十回目の勝利記念日だったのです。ホテルの廊下に現れた航空兵たちのうち何人かは、勇敢に戦ったことで有名な兵士でした。彼らが栄光のために尋ねてきたのか、私が四十年前の出来事を思い出したのか、どちらにしろ、あのとき耳にした会話がどこから聴こえてきたのかは説明がつきませんが、彼らが話していたのは間違いない事実です。

電話で話しているときなど、時々脳裏に色々なことが飛び込んできますが、その現象は、仕事として意識的に行なうものとは異なります。

たとえば、テレビ番組の出演依頼を受けたときなどは、ただうしろに座って何かが起こるのを待っているのではなく、舞台に立っているときと同じように集中する必要があります。

以前、出演したその番組のなかで『A Woman Of Substance』で一躍有名になった女優のジェニー・シーグローブがゲストとして招かれました。彼女のお祖母さまはちょうど一週間前に亡くなっており、私のところへ亡くなったお祖母さまが現れました。

ジェニーは私に、

「おばあちゃんは幸せかしら？」とだけ尋ねました。私は現れたおばあちゃんの通訳をし、彼女を安心させることができました。交信後に、

「おばあちゃんが、まるで私の隣りにいるようでした」とジェニーは言いました。

同じ番組内で、今度は「電話シッティング」を受ける企画がありました。そのときの様子をご紹介しましょう。

初めの依頼者は、熱心なカソリックの信者で、私と接触することをとても心配していましたが、メッセージを受け取ると、番組の最中に、とても慰められたことを伝えました。

〈私はすべての人々のために働きます。ヒンズー教、イスラム教、ユダヤ教、何の宗教でも関係ありません。もちろん私自身、神を信じるキリスト教徒です。ただそれは、キリスト教の国に生まれたからに過ぎず、私は宗教をもっと大きな視野で捉えており、その原点は、お互いに助けあい、喜びあうことだと思っています。どこに天国があるのか、地獄があるのかはわかりませんし、宇宙飛行士でさえ一度も見たことがないですが、霊界は私たちの周りにあるのです。天国も地獄もなく、自身でそれを作るのです〉

と私は観客に語りかけました。

番組最後の依頼者は、バッキンガムシアに住む女性からでした。

彼女は、ご主人が末期ガンで入院したときに、ご自身もまたガンの手術のために同じ病院に入院したのです。ご夫婦の病室はたった二部屋しか離れていなかったですが、ご主人が突然亡くなったので、お別れができなかったことを悔やんでいました。

「もし、主人が傍にいることを感じられれば、心に空いた穴が埋まるかもしれません」と彼女は言いました。

〈あなた自身のガンは完治されたのですね〉と電話口で私が尋ねると、

「はい、わかっているかぎりでは大丈夫です」

〈確かに、あなたの傍にご主人がいることを感じます〉と確信をこめて言い、さらに、

〈ご主人はお亡くなりになることがわかっていましたね。最後にあなたと過ごした休暇がとても

大切だったと、おっしゃっています。面白いことに、あなたはベッドの端に、とても大きな枕を置きましたね〉

「はい、私は主人の枕を端の下のほうへ置きました」と女性は答えました。

〈それから、ベッドに横になり、ご主人と語り合いましたね〉

「はい」と彼女は言いました。

次は、誰も想像しなかった結末が、私の脳裏に現れた珍しい例を紹介させていただきます。

私には写真家の友人がおり、自身の写真も長年撮影してもらっています。彼は、七、八年前に起こった出来事以来、私を崇拝していると主張するのです。

あるとき彼は、私のもとへ撮った写真を届けるのに、若いアシスタントを同伴したいと言ってきました。その若者は、外国に渡る直前でしたが、私のことを聞きつけ、面会を求めてきたのです。

その日、若者はボールペンをはじいてしまいシャツにしみを作りましたが、着替える時間がなかったので、ジャケットの前をしっかりと留め、インクのシミを見せない工夫をしました。

その後、写真家とその若者は、私の家でコーヒーを飲みながら写真の確認をしていました。ここからは、写真家の友人から聞いた話ですが、いきなり私はその若者を見上げ、〈あなたのシャツを洗いたいのですが〉と言ったそうです。友人は初めはアシスタントがジャケットの前を開けていると思いましたが、実際はボタンが留まったままで、シミは見えないままでした。

私は、何か言いかけた友人を睨んで、

〈静かに。彼に伝えることがあります。長旅に出かけますね〉

と私は言いました。実際に、そのアシスタントは二日後にニュージーランドにいる叔父夫婦のもとへ出発する予定でした。

〈あなたはアメリカへ向かっています〉

「いいえ、ドリス。彼はニュージーランドへ行くのですよ。あなたのような方が間違えるなんて、なんだか嬉しいです」と友人は答えました。

すると私は友人をまた睨みつけ、

〈五、六週間以内に彼はアメリカにいるでしょう〉

と答えました。この時点で、彼らはありえないことだと確信していました。

その若者は、すでに大きなスーツケースに荷物を詰め込み、チケットも用意しており、クリスマス直前にニュージーランドへ旅立ちました。しかし、クリスマスになると、彼はニュージーランドから電話をよこし、そこでは落ち着けないと語っていました。

一月になると、また電話があり、帰国を決めましたが、その前にアメリカに立ち寄ると言い、私が言ったとおりになったのです。

この小さな事件がきっかけで、私の仕事に興味を示さなかった友人が、今では信じてくれるようになりました。

次に、今から三、四年前の出来事を紹介させていただきます。

私の前作が出版されましたが、友人の写真家の写真使用料が未納なのに気がつき、出版社に連絡を取っていました。

ある日、彼に電話をかけると不在だったので、私に請求書を送るようにと留守電に残すと、しばらくして、写真と価格表の入った手紙を送ってきました。その手紙の最後に、

「この数ヶ月、私のスタジオから機材がなくなります。あなたなら、その理由がおわかりになると思います」と書き加えてありました。

そのときは、朝の九時過ぎでしたが、私は急いで彼に電話をかけました。

〈もしもし、ドリス、ドリス・コリンズです。キースですか?〉

「はい、ドリス、おはようございます」

〈犯人から鍵を取り戻してください。でないと、機材はさらになくなります〉と私は言いました。

私は、一度も会ったことのない人物を正確に描写しました。四ヶ月にわたり、彼はカメラの本体、毛皮のケープ、花嫁用のペティコートとティアラを失くしており、これらがすべて結婚式用の写真に関連しているのは明らかでした。その上盗まれた物はすべて予備の機材で毎日使うもの

ではないので、盗まれたことはすぐには発覚しませんでした。

そのスタジオの利用者数は非常に多く、その中から犯人を捜すことは難易でしたが、まず疑いの目は掃除夫と若いアシスタントに向けられました。

ところが私が描写したのは紳士風の五十代前半の警備員の男性でした。友人は、そんなことは絶対にありえないと思っていました。

私は厳しい口調で、彼に伝えました。

〈その人は五十二歳で、四、五件の仕事をしており、支払い能力はあります。それに、彼には女装癖があります〉

「女装癖があるなら、ぼくのペティコートはとても役立ち、ティアラや毛皮も忘れないでしょう。ただ、髭をはやした奇妙な男が、なんやかんや身につけている姿が目に浮かびます」と友人は語り、私の描写が本当に正確なのか再度尋ねました。

〈もちろんよ。時々、あご髭を生やし、先の尖った靴を履いています〉

と私が言うと、友人はその事件を同僚や秘書に伝えました。

私が描写をした男性は実在しており、彼の趣味も私が言ったとおりで、スタジオの鍵さえ持っていました。彼は、あご髭をそったり、はやしたりしていましたが、その人柄は親切で、やさしく、材料を盗むようにはとうてい思えませんでした。

その男性の女装姿や、先の尖った靴を履いているのを、誰も目撃していない可能性もあり、少々ためらったのですが、友人は警察に連絡をしました。もちろん、私が言ったことは何一つ警察には言いませんでした。ところが偶然にも、警察がスタジオに入ってくると同時に、私の描写にぴったりの男性が歩いてきて、先のとても尖ったブーツを履いていたのです。もちろん、その男性が機材を盗った証拠はまだありませんが、彼がスタジオで働いているときに紛失したのは確かでした。

結局この男性には、裁判所から、働いていた間に紛失した機材の料金を支払うようにとの命令が下されました。友人は、法廷から出てくるとすぐさま私に喜びの電話をかけてきました。

いつもは、このような事件のために霊視は使いません。本来は、警察と司法の仕事であり、サイキック（心霊）の分野ではないからです。ただし、今回のように意に反して、事件に巻き込まれることもありますが、独自の証拠だけが、私が感じたことを正確に断言できるのです。

それから二ヶ月後に友人から電話があり、どのような方法で犯人の男性を描写したのかと尋ねられました。彼は、私が手紙の追伸を読んでから映像が浮かび、電話をしたのか、と聞いてきました。

〈いやだわ。あなたが電話に出るまでは何の手がかりもなかったわ。話しをしているうちに、写真が出てきたので、それを伝えただけよ〉と答えました。

毛皮のストールとティアラを身にまとっている、あご髭の中年男性を想像することはありえないと、いまだに笑います。どのように尋ねたかは知ることもありませんが。その紳士の女装癖は別々の二人の証言により確証されました。

ただ一つ言えることは、ときとして、単に脳裏に浮かぶこともあるのです。


次に取り上げるのは、アメリカ人の友人のイナ・マルクスの珍しいお話です。本当は、前作にこの話を取り上げたかったのですが、詳細を調べる時間がなく断念していました。彼女自身もこの話を多くの人々に公開していますので、実名をそのまま使わせていただきます。


私は四十年近くもアメリカとイギリスを行ったり来たりしています。

あるとき、コネチカット州のヨガのグループとイギリス心霊旅行へ同行する仕事の依頼がきました。アメリカでは、この種のツアーが大人気で、イギリス旅行協会は大歓迎をしていました。

まず、ストーンヘンジ、グラストンベリーを訪れた後、この特別なツアーは世界的に有名なヒーラーのハリー・エドワーズに面会を求めていました。

彼らは私をツアーのコンサルタントに迎え、私との個人的なシッティングと、エドワーズ氏と面会を依頼してきました。

最初の二日間はロンドンに滞在し、観光や買い物をし、私が彼らのホテルを訪ねました。

二回目にホテルに訪ねたとき、私は有名なヨガの先生であるイナ・マルクスというユダヤ人と話をしました。彼女は感情に不安があり、非常に重い病気のようで、心配になりました。今ではとてもよい友人ですが、初対面のときは、友好という言葉とは遠くかけ離れていました。

「あなたの言うことは何も信じません。でも、相談料も旅行代の一部だから、ここに座って何か言ってください」と彼女は言いました。

このような応対はよくあることなので、ひるまずに我慢し、彼女の苦痛を精一杯手当てをしました。私が彼女に二人の娘さんがいると伝えると、それは正解でした。

娘さんの一人は、問題の多い宗教に入信してしまい、それが彼女の心配事の一つで、もう一つは、問題の多いご主人と別居をしていることでした。ご主人は大変な資産家でしたが、ご主人の仕事を軌道にのせ成功させたのは彼女の力によるものでした。

結婚当初、彼女はウエイトレスとして働き家計を支えていましたが、仕事場で、大きな火災があり、彼女は窓から飛び降りケガを負い、その保険金をご主人が受け取り、それを元手として商売を始めたのです。ヨガの学校も彼の多くの仕事の一つで、彼女たちが別居をしたために仕事がなくなる心配をしていました。

私が彼女と話をしていると、彼女のお父さまが霊界から現れ、そのことを彼女に伝えると、「父は亡くなっているので、そんなことはありえない」と言いました。

〈あなたにとっては亡くなっているでしょうが、私の前には、はっきりと現れています。お父さまはシャツの袖を捲《まく》り上げて、番号を言っています〉

その番号を伝えると、イナは金切り声を上げました。それは彼女の父親がガス室へ送られる前に腕に入れられたいれずみの番号でした。

しばらく彼女は悲しみにうちひしがれていましたが、それ以来、私を見る目が変わりました。

彼女の父親ははっきりとした口調で私に語りました。

〈『娘を離婚させないでください』〉

この言葉は絶対的でした。そのメッセージを彼女に伝えると、

「何ですか？　すでに夫は別の女性と住んでいて、これ以上結婚生活を続ける理由など一つもありません」

〈私は、お父さまが言われたことだけを伝えているのです。お父さまはその理由を語らないので、私からも何も言えません。でも、このメッセージを繰り返しおっしゃっています〉

彼女は家を出てアパートに住んでいましたが、すぐに家に戻るようにも伝え、シッティングが終わるとイナは以前よりも幸せそうに見えました。

これらのことは、すぐに私の脳裏からは消え去りましたが、一年後に再び思い出される出来事がありました。

コネチカットで仕事をしていると、イナが来たのがわかり、とても幸せそうだったので、何が起こったのか尋ねてみました。

以前私がお父さまのメッセージを伝えたときは半信半疑でしたが、とりあえず指示どおりに家に戻り離婚を取りやめました。周囲の人々はとても不思議に思ったそうです。

ある日彼女がいきつけのレストランで食事をしていると、ご主人が入ってきて彼女に離婚を止めている理由を問いただしたそうです。

本当の理由を言えばおかしいと思われるので、「今は時期が来ていません」とだけ答えました。ご主人は別の女性と結婚をしたがっており、最後は彼女を脅かし始めました。彼は自家用ジェットを所有しており、「今晩バハマに飛ぶので、戻り次第弁護士に話をつけるから。君はとても不利な立場にいるんだ。このままでは君に渡る財産は何一つないから」と言いました。ご主人は、イナの名義の不動産は一つもなく預金もほとんどないことを知っていました。彼女の財産は、ご主人の仕事を手伝ったときの収入と、わずかな特許料だけでしたので、この脅しに彼女の心は揺れ始めました。

「その晩家に帰ると、私は何か間違ったことをしたのだろうか、このまま結婚にしがみついていて、何一つよいことがないのではないか、と考えました。そして、翌日には私の弁護士に相談して離婚を進めようと思っていました」

するとその晩、彼女は警察の電話によって起こされました。夫のジェット機はバハマの滑走路上空で爆発したのです。この事件は彼女の一生を変え、全財産は相続人の彼女に渡り、予言どおり前の家にも戻りました。

彼女のお父さんは時期はわからずとも、夫が亡くなることがわかっていたと思います。これは、あちらの世界へ渡っても娘の幸せを願う父親の珍しい一件でした。

# Chapter 12　瞑想とリラックス

ストレスはさまざまな病を引き起こすので、今日では世界中の人々がリラックスや瞑想により平穏な心を取り戻そうとしています。

そして、多くの若い人々はこぞって私の講義に参加しています。現代社会では昔のやり方は役にたたず、人々は心の平穏を導いてくれる『生き方』を捜しているのです。

中には、より高い意識に達成するために、潜在能力を高めようとドラッグを使用して破滅を招き新聞を賑わすなど、間違った方向性に走る若者もいます。

昨今、精神障害の症状を抑える鎮静剤や強い毒性をもった薬物が広範囲に使用され、とても危惧しています。薬の有効性は認めますが、それにもまして、献身的に尽くしてくれる医師や看護師に賛辞をおくります。

瞑想を通してのリラックスや心の安らぎをえる方法は、いつの時代でも学ばれています。

すべての宗教は『愛は力がなくても幸せを運んでくれますが、愛のない力は悲劇を生むだけです』と説いています。

愛と力が一緒になったときに、安らぎと解放を運んでくれるのです。

瞑想を始めると最初に、憎悪、恨み、憤りなどの否定的な力を感じます。そしてそれらを解放するように意識を集中すると、早い段階で平和な映像などが浮かび、心にやすらぎを見出す手助けをしてくれます。

その際は決して横たわらずに、まっすぐな椅子にゆったりと座り、肺まで届くような深い呼吸をすることに集中します。そのときに大事なことは『無想無念』になることです。

すると騒音さえも気にならないようになり、大勢で賑わっている部屋へ足を踏み入れても、その雑音をまったく耳にいれなくすることも可能となるでしょう。

日々些細《ささい》な問題は起き、時折感情を乱すような大きな波風が生じることもあります。瞑想を練習することにより隠されていた苦痛の覆いを取り、原点、根底に達することで治癒されるのです。

ですが一瞬で解決する策などなく、多くの時間と多くの練習が必要とされています。

人生において、絶対的な解答などすぐに見つかるはずはないのです。

アルコールやドラッグを使う人々も多くいますが、原因に目を背けており、先行きを不透明にするだけです。

一方瞑想は問題の表面ではなく根本に着手します。あまり知られてはいませんが、物質的価値観によって引き起こされた問題を解決する方法がこれなのです。

私たちは過去の上に成り立っていますが、過去の傷を放置したままでは、やすらぎを得ることはむずかしいものです。

私の家庭では子どもが不満を言ったときには、「それはもう過ぎ去ったこと。今は新しいときが始まっています」と教えています。「過去の傷を振り捨て現在を生きようとする力」は正しい心を得るためにもっとも重要なことです。

肉体を鍛えても心が弱ければ無用となるのです。ですから肉体だけではなく常に心を考慮する必要があります。

行動は思いの結果であり、思いはその行動に責任があります。

瞑想を始める前にその理由を考えてみるべきです。そこに純粋な動機が土台となっていることが極めて重要になるのです。

まずはすべての分別や見識から来る内面の声を聞いてください。人生の過程で得た知識は他者の言葉がもととなっています。

私たちのすべての行動は他者からの影響を受けており、これらが私たちの感情を動かしますが、平穏な心を保つことで適切に対処できるのです。

瞑想によって、自身の見解を形づくり、内面に近づく時間がもてるのです。

私たちの心の三分の一は客観的な部分（聞く、感じる、話す、意識的な行動をする、などの一般的な思考力）で、日常生活の印象を記録する意識をもっています。

その反対に、主観的な心（見たり感じたりした印象を蓄えておく部分）や潜在意識の中には、決まった記憶の仕方などはありません。

ですから意識を集中させる必要などまったくなく、ただ力を抜いてリラックスし、夢のような状態になればいいのです。

すると次第に呼吸が静かになり、ときが止まり始めます。

リラックスが簡単にできるようになるまでは、三十分ほどの瞑想で充分です。

# Chapter 13　感謝の手紙

これから紹介するのは、オランダ人のコビーとスミツご夫妻、そして亡くなったご夫妻の息子ロバートと私が交信した記録です。彼らはいつもきちんと内容を書きとめているので、とてもわかりやすいと思います。

ご夫妻からは三通の長い手紙と、はがきをいただいており、そこには交信の記録と私へのコメントが細かく書かれており、同じ日の交信をご夫妻は別々に記録されていました。

まずはスミツ夫人の手紙を紹介いたします。

夫人はご自身の英語力を心配されていましたが、私のオランダ語よりも十倍以上は上手だと思っています。

＊＊

夫のコビーと私はオランダの北部に住んでいます。子どもは三人いますがすでに皆独立しており、末娘だけが時々家に帰ってきます。

昨年イギリスでの楽しい休暇を終えてオランダの自宅に帰宅すると息子の様子が変でした。息子は夏のシーズンには帆船の上で働いていましたが、腰の痛みで苦しみ始めました。九月になると末期ガンだということが判明したのです。その日から二週間は奈落の底に突き落とされたようで、絶望の淵にありました。

九月三十日に退院をし、てっきり二年間同棲中の彼女のもとへ帰ると思っていましたが、ロバートは我が家へ戻ってきたのです。もちろん彼女も一緒でしたが。

たまたまイスラエルへ旅行中だった二人の妹にも電話をし、彼が永くないことを伝えるとすぐさま帰宅しました。

夫と私は教職を辞めロバートの世話に専念し、生と死についても語りあいました。とても大変な時期でしたが、同時に私たちの心の絆も深まりました。

食事療法も試みましたが最期はお手上げで、六ヶ月後に息子は亡くなりました。

生前ロバートは「悲しまないように」と言ってくれましたが、悲しみをコントロールすることはできませんでした。息子が生まれたときからの小さな出来事ひとつ一つを思い出し、泣くことしかできず寂しさに暮れていました。

息子が家に帰ってきてからは昼夜をとわず看病していましたが、教職へ戻る必要もありました。そして七月の休暇がやって来たのです。毎年イングランドへ行っているので、そこで気持ちを切り替えようと決心しました。

ロバートには毎日語りかけていますが、返事がないのです。

ただ私は息子が幸せだったかどうか知りたいだけなのです。

まず、ロンドンへ数日間滞在し、それからモルヴァンに行きました。木曜日の朝、ある劇場の横を歩いているとドリスの講演予告を目にし、その晩にでも行こうとしましたが、講演は金曜日の夜だと言われたのです。そこで予定外でしたがもう一晩モルヴァンに滞在することにしました。

私は講演の名前が『Clairvoyance』（透視・洞察）だと思い窓口で内容を尋ねてみましたが、係りの女性から「ご存知ないのならご自身の目でお確かめください」と言われたのです。

それで切符を二枚買ってモルヴァン・ヒルズに入ったのです。

その金曜の午後はロバートが傍にいる感覚がしていましたが、悲しみにも覆われていました。

そして金曜の夜七時三十分がきたのです。私たちは二階のバルコニーの席に座りました。そこでまずあの美しい詩に驚きました。人生で初めて『死ぬ』のではなく『渡る』ことをミーディアム（霊能者）から聞いたのです。もちろん過去に本で読んだことはありましたが、そのときは深くは考えていませんでした。

するとと突然、ドリス、あなたが、

「二階のお二人にメッセージが届いていていますが、少し待っていてください」

と言われたのです。

すぐに私たちのことだと感じました。それから十五分後に再びあなたは、「少し前にガンで息子さんを亡くしたご夫妻にメッセージが来ています。おわかりになりますか？」

すぐに私たちが返事をすると、あなたは『MUTTER』（マター）という言葉をあちらの世界から聞き取ったようで、私たちがイギリス人かどうか確かめられました。私たちは「オランダ人です」と答えると、あなたは、私たちがオランダで祖父母の家の隣りに住んでいること、ロバートの特別な車はおじいさんに使ってほしがっていること、妹の一人が彼の車を使わないように、恋人のこと、そして勉強のことを話してくれました。

「学校の勉強はもう無駄になってしまった」と彼は言いました。

すべてのメッセージは生前のロバートらしいものでした。

そして、最後に最高に美しいメッセージを受け取りました。あなたは、「ロバートは幸せで今は死後の世界にいます」と言ってくれたのです。

すべてのメッセージはロバートの言葉とまったく同じで、すぐにそのメッセージを信じました。そこには疑いの余地はありません。私たちはとても幸せで、悲しみは消え去りました。

息子が幸せならば私も幸せです。あなたには本当に感謝をしています。

おかげさまで私たちは再び笑うことができ、人生を楽しむことができます。

あなたがどのような方法で私たちの人生を変えることができたか、言葉に表すのはとても難しいです。

＊＊

明確にするために一、二箇所の表現を変えましたが、以上が夫人からいただいた手紙です。

次にご紹介する手紙は、ご主人からいただいたものですが、その中には息子さんが骨肉腫のために死の宣告を受け実家に戻ってきてからのことが明記されていました。

ご両親は息子さんのために、肉、砂糖、イモ類、卵、乳製品を避け、穀類を中心に野菜、海草、豆のみの食生活に変えました。

＊＊

最終的にロバートは死を受け入れました。息子は「亡くなった後に人生がないのなら、何も心配することはないから」と言い静かに息をひきとりました。彼は若くして人生の幕を降ろすことに悔いはないと言っていました。

しかし私自身にとって、早すぎる息子の死は受け入れがたいものがありました。彼はまだ二十二歳でしたし一人息子だったのでとてもかわいがっており、彼を失ったことから立ち直れませんでした。そこで、家内と相談し仕事を辞めてスペインに移り住むことにしました。

ところが、私たちがイギリスを訪問したときにすべてが変化したのです。

到着してから二日後に私は完全に変わりました。悲しみが消え再び人生を楽しむことができたのです。妻は私の突然の変化に戸惑っていました。

次の夜に、占いのようなものだと思いながらモルヴァンの劇場に行っていましたが、何が起っても受け入れようと心の準備はしていました。

そこであなたが詩を朗読し始めると、その場にいることが間違いではなかったと確信しました。あなたが会場の人々にメッセージを伝え始めると私は喜びで一杯になりました。

「バルコニーのお二人にメッセージがあります」と言われたときには、妻と顔を見合わせ私たちのことだと確信しました。あなたのおっしゃったことはすべて事実であり、冗談を混ぜたその伝え方も息子の話し方と瓜二つだったのです。妻のことを『マター』と呼ぶ、と言われたことも、私が息子と仲がよかったこともすべて事実でした。息子の車を妹が使うのを嫌がっていたことさえ本当でした。

あなたを通したメッセージが終わると、私たちは涙が止まりませんでした。しかしそれは悲しみの涙ではなく、幸せの涙だったのです。息子とはもう話しができませんが、失望感はなくなりました。

＊＊

その年の暮れには、スミツ夫人からはがきが届きました。

＊＊

息子のロバートがいないのは寂しいですが悲しみは失せてきました。今はまたいつの日か、息子に会えることを知りました。

あなたのお仕事は多くの人々を幸せに導きますが、とてもお疲れになることでしょう。どうぞご自愛を願います。

＊＊

と書き留めてありました。

デモンストレーションとヒーリングは心身ともに疲れ果てる仕事ですが、私は神さまから頑丈な肉体をいただき、すぐに回復できます。

仕事に入る前には休息をとります。仕事を終えると通常の生活に戻るまでには時間がかかりますが、幸い瞑想とリラックスの方法を学んでいるので、それらがとても役に立っています。しかし、最後の講演のときは激務がもとで病気になったので、そのような大規模な講演は二度と行なわないと決めました。

一九八五年の終わりから一九八六年の始めにかけて私は入院をしていましたが、病気のときでさえ、心霊的なかかわりを持つことを発見したのです。

ある晩、私はブラックプールでの講演を控えていたので薬を飲み、その影響でうわごとを言っていました。その講演は二週間後でしたが、朦朧とした私は立ち上がりその会合に出るために洋服を着ようとしました。そのとき夫と家族が病室にいましたが、私を抑制するので精一杯でした。私にはステージに立つことよりも優先するものはないのです。

そこで、主治医は「ブラックプールへ行って、観客にドリスの病のことを説明する」とまで言ってくださいました。

そうでもしないかぎり、私の気持ちは講演から離れることがなかったのです。

気持ちが落ち着き、看護師が私の脈を計っていると、彼女のうしろに男性が立っており私に話しかけてきたのです。私は彼女に、

〈あなたのお父さまがここにいらしていますよ。あなたは彼の遺灰を明日木の下にまこうと思っていますね。お母さまは体調が悪いようなので、そこには連れて行かないようにと言っています〉

と言うと、その看護師は驚いていました。後にお父さまがつい最近亡くなり、その次の日に木の下に遺灰をまこうと思っていたと語ってくれました。そのときの私は精神が混沌としていましたが、彼女はそれを本物だと実感していました。

言い換えれば、たとえ病気や薬の影響があっても霊的な部分は霊界と交信することが可能なのです。

話をスミツ夫妻に戻しますが、彼らはモルヴァンの講演で初めに私が暗唱した短い詩をとても気に入ってくれました。そこで読者の方にも紹介させていただきます。

私は、この詩を講演を始める前によく紹介します。デモンストレーションをスムーズに行なうためだけではなく、会場の雰囲気もよくしてくれます。

**永遠なる魂よ**
**互いの出会いを感謝いたします**
**私たちの世界と**
**あなた方の世界をつなぐ機会を与えられたことを**
**感謝いたします**

**そこに何があっても**
**ひたすらに**
**真実と誠実さを伝えることを**
**心より誓います**

この章の最後にとても珍しい「アシューのアドバイス」という詩を紹介いたします。

これは、私を通して他の誰かが詩を語ったものです。

何年か前に、講演で私がスイスに行ったときに、ルツエルンに住む皮膚科医で仏教徒のある女性が私のもとを訪れて、何が起きるのか、講演を録音したいと尋ねてきたので、それを承諾しました。この詩はその講演で、私がアシューという名のガイドによって朗読させられましたものです。そして一年後にその女性がその詩を録音したテープを持参されたのです。

その詩は仏教徒の中でもとくに指導者がよく使う言葉と似ていたので、彼女が日本へ休暇に行った際にもその詩を持参し、とても興味をもたれたそうです。

加えて、アシューという名は、一見、仏教徒の名前と似つかないのですが、亡くなった魂のサンスクリット語の名前だと判明したのです。

これは「アシューの助言」であり、私の詩ではありませんが、私を通して語られた言葉です。

『アシューの手紙』

孤独な人はいないのです
倒れ　傷つき　涙を流し
肉体は悲鳴をあげても
どんなときでも
見守られているのです

幼子のときから今にいたるまで
その葛藤から逃げる道はないのです
だから颪に身をまかせ
颪が吹くままにすすむのです
颪はあなたの種をまき
その芽は花となるのです
宿命に逆らわないでください

すべての学びに無駄はありません
前に向かって歩み続けるのです
学ぶ道も　仕える道も
同じなのです
この真理と共に歩むものはわずかです
ひたむきさが大切です
分け隔てはいけないのです
避けられないものと戦うことはないのです

風があなたを導きます
その場所に種をまけばよいのです
次の場所でも種をまけばよいのです
ときがくれば導く人は必ずいます
その指導者たちは
かたちはどうであれ進歩のためにいるのです
彼らとあなた自身を比べてはいけません
砂浜の穀物であれ大切なのです

すべては一つなのです

あなたは神の子であり
あなたは　仏陀　マナ　キリスト
さまざまな永遠の魂の一部なのです
神の祝福がありますように
神があなたと共に歩まれますように
神から平和と安らぎを与えられますように
あなたに勇気を与え
その果てしない努力は
すばらしい結果となって返ってくるでしょう

# Chapter 14　行くべき道

青年期は、ほとんどの人が将来への希望や願望を抱いていますが、中年にもなると、そうした希望や願望も薄くなり、人生の目的そのものもあやふやになってきがちです。厳しい現実の前では、充実感と達成感をえることもむずかしくなってきます。

しかし、中年期に人生の目的に目覚め生き方を変える人もいます。

生き方を変えるとは、「地球上での人生の確たる理由を学び、人生とはあちら側の世界へ渡るためのすばらしい準備期間」と捉えることで、人生にこれまでとは違った幸福や平和を見出します。

私自身もそうでした。私は自分のシッティングに自信を持っていましたが、その重要性に気がつくまでに人生の半分はつぎ込みました。シッティングを通して知り合った人々は私を進むべき方向へ導いてくれ、今では私のシッティングは人生のほとんどの部分を占めています。

これまでの経験や多くの人々との出会いから、私は「内面的な達成感を見つけたとき、人生の尊さを知る」ということを知りました。それと同時に、人は決して一人では生きられないことを悟りました。一分一秒、肉体的にも精神的にも、誰かの人生とかかわっているのです。

私たちが行なうすべてのことには、きちんとした目的があります。そのことを忘れてはいけません。心の庭をいつもきれいにしておくことが大切です。手入れをし、すぐに生い茂る雑草はこまめに取るようにしましょう。

完璧な人間はいません。だから人生は学び舎なのです。死は終焉ではありません。「人生」は死で終わるのでありません。死後も、人生は次の道へ続いています。

ですから、私自身の人生を振り返ってみても、一つとして塗り替えたいと思うものはありません。皆さんと同じように、私は多くの間違いをおかし、幸せなときも不幸なときもありました。不幸は私を大いに悩ませましたが、何一つ後悔していません。それらは私にとって必要なものだったからです。喜びや安らぎと、失望と哀しみはどちらも同じ人生であり意味があるのです。

誰かが問題を抱えてやってきたときに、自身に一度も問題が起こっていなければその手助けはできません。

すべての経験は人を成長させ、強くさせ、自己を形成させ、未来に立ち向かう勇気を与えてくれるのです。誰も絶望することはないのです。事実、この世界には孤独な人は一人もいないのです。

私は基本的にはユニヴァーサリスト（万人救済論者）です。神への道は数多くあり、宗教も数多くありますが、どの宗教も完璧な答えはもっていないと思います。しかしすべての宗教には共通点があり、人生の希望を説いています。いずれにしても、平和と調和と本当の成長を捜し求めるのならば、憎しみや苦しみを追い払い、誠実に正直になることが必要です。私自身も、日々そのことは実感しています。

私は運命（destiny）を大いに信じています。地球上に降りてきても真実の道を見つけられない人々もいます。でも、その導きの光はすべての魂を照らし、進歩させることができるのです。私たちが日々感じる失望や不幸感でさえ、個々の生活、思想や存在のなかに、永遠の魂があることを知らせてくれるのです。ですから、この本をお読みの皆さまは、どうぞご自身に問いかけてください。

「これが私の行くべき道なのか？」と。

そして、ご自身の内なる声、叡智《えいち》の源に耳を傾けてください。

貢献（service）する道を選ばれたなら、その道は厳しく結果的に多くの友人を失うことでしょうが、あなたの良心が明確であれば、それは大した問題ではありません。

実現する宿命があるならば、岐路に立たされ迷うでしょうが、奇跡的な方法で的確な人々があなたの前に現れ、行くべき道へ導かれるのです。

私の仕事（シッティング）にかかわった多くの人は、

「あなたの考えは死を論じている宗教です」と言いますが、私は、

「私の仕事は、生きることを論じているものです」と反論します。

人生を精一杯生き抜くことは、あなたとあなたに関わるすべての人を豊かにします。

毎日、毎分、毎秒、私たちは誰かしらの人生にかかわっているのです。

人々の行動を変えるのはあなたかもしれません。

世界は、精神性の認識を必要としています。

その認識を広げる役割をするのはあなたかもしれません。そして、その機会はあるのです。

あなたの心が命じる道がきっとあるはずです。その道を毅然と歩んでください。

あなたは後から来る人に活力を与えるでしょう。そして霊界へ渡ったときに、こう言われるかもしれません。

「忠実に誠実によくやりました。あなたが歩んだ道はすばらしいものでした」

了

## 訳者あとがき

「肝っ玉かあさん」

ドリスの写真を拝見したときの第一印象でした。

大柄で、大胆で、強さがありながら、内に秘めた母なる愛をもった女性。

三度の結婚を繰り返し、生活のためにご自身でホテル経営をはじめ軌道に乗せた実業家でもある。第三者から見れば、波乱万丈の人生ですが、苦難を苦労と思わない信念をお持ちの女性。ご自身の天から与えられたお役目に挺する姿には、脱帽する限りです。

この本が出版された一九八六年にドリスは、

――今日《こんにち》、世界では精神性の認識が深刻なほどに必要とされています。――

と語っています。

一九八六年の日本では、この言葉に耳を傾ける方はほとんどいませんでした。

それが、二十年以上経った現在の日本では、経済優先の社会が終わり、本来のスピリチュアリズムが徐々に認知され、今、まさにドリスの助言が必要とされているのです。

彼女を通して、『本来の行くべき道』への小さな気づきが、一人でも多くの方に生れることを祈っております。

この本が日本語版として世に出るにあたって、小さな奇跡が起こりました。

一九八〇年代の著書ということもあり、版権の所有がつかめず、一時は宙に浮いた状態となってしまいました。

ここで小さな奇跡がおこります。三月にフジテレビの江原啓之氏の特番で、イギリスのスピリチュアリズムの歴史が放映されたのです。とても貴重な映像が映しだされ、その中になんとドリスのご子息のコメントが流されていたのです。

まさに奇跡でした。

江原先生、フジテレビのスタッフの方々、そして現地のコーディネーターの方々が、ご協力をしてくださり、その奇跡がご縁を結んでくれました。

また、この本の出版にあたりご尽力をいただいた、ハート出版の藤川編集長、そして、ドリス・コリンズという素晴らしい方をご紹介いただいた江原啓之先生。

皆様方に心より感謝いたします。

感謝をこめて

横山悦子

著者紹介／**ドリス・コリンズ**
1918年イングランド生まれ。9人兄妹の末っ子として母親が48歳の時に誕生。幼年時より霊能力を持つ。霊視とヒーリングを行ない、英国、南アフリカ、ヨーロッパなど世界各地で講演を成功させる。
主な著書に『A woman of spirit』などがある。2003年8月没。

翻訳者紹介／**横山悦子**（よこやま　えつこ）

1965年東京都生まれ。
高校時代に渡米。米国コロラド州立オテロジュニアカレッジ卒業。
帰国後、外資系半導体メーカーを経て英会話講師。主な翻訳に『天国の子どもたちから』（当社刊）がある。

監訳者紹介／**江原啓之**（えはら　ひろゆき）
スピリチュアル・カウンセラー
1964年東京生まれ。1989年、スピリチュアリズム研究所を設立。英国で学んだスピリチュアリズムを取り入れたカウンセリングを開始。（現在は休止しています）
主な著書に『人はなぜ生まれいかに生きるのか』（当社刊）ほか多数。
監訳に『天国の子どもたちから』（当社刊）がある。
監訳者のホームページ　http://www.ehara-hiroyuki.com/
**現在、手紙等による相談はお受けしていません。**

私はなぜスピリチュアリストとして生きるのか

**平成20年2月6日　第1刷発行**
**平成20年3月6日　第3刷発行**

著者　　ドリス・コリンズ
発行者　日高裕明
Printed in Japan

発行　ハート出版

〒171-0014　東京都豊島区池袋3－9－23
TEL03-3590-6077　FAX03-3590-6078
ハート出版ホームページ　http://www.810.co.jp

乱丁、落丁はお取り替えします。その他お気づきの点がございましたらお知らせ下さい。
ISBN978-4-89295-580-8　　編集担当／藤川　印刷／大日本印刷